Lukas Spinner

«Bist du Elia, so bin ich Isebel!»

T V Z

Lukas Spinner

«*Bist du Elia, so bin ich Isebel!*»

Was Frauen sagten. 50 Predigten

Mit Zeichnungen von Menga Dolf

T V Z
Theologischer Verlag Zürich

Die Deutsche Bibliothek – Bibliographische Einheitsaufnahme
Die Deutsche Bibliothek verzeichnet diese Publikation in der
Deutschen Nationalbibliographie; detaillierte bibliographische
Daten sind im Internet über http://dnb.ddb.de abrufbar.

Umschlaggestaltung
www.gapa.ch – gataric, ackermann und partner, zürich
unter Verwendung einer Zeichnung von Menga Dolf
Satz und Layout
Mario Moths
Druck
ROSCH-BUCH GmbH Scheßlitz

2. Auflage 2006
ISBN 3-290-17367-4
© 2005 Theologischer Verlag Zürich
www.tvz-verlag.ch

Inhalt

Vorwort

Etwa 15 Predigten sollen es werden; so dachte ich, als ich im April 1999 mit einer neuen Predigtreihe begann: Ich wollte Sätze auslegen, die in der Bibel von einer Frau gesagt werden. Dabei durfte jede Frau nur einmal vorkommen. Und nun sind es 50 Predigten geworden. Sind es alle Frauen? Nein, ich habe auf Vollständigkeit verzichtet, nicht zuletzt aus Furcht, irgendein Findiger könnte mir einen vergessen gegangenen Satz vorhalten. Aber die meisten der Frauen sind da; bei ein paar allerdings waren mir die Sätze dann doch zu fremd, um eine sinnvolle Predigt daraus zu entwickeln.

Erwarten Sie keine Frauenpredigten. Man muss damit rechnen, dass viele der biblischen Sätze von einem Mann formuliert worden sind. Dann sagen sie mehr darüber aus, wie ein Mann sich vorstellt, wie eine Frau reden würde. Dazu kommt ja noch, dass auch ich ein Mann bin. Zum Glück hat mich der Verlag auf die Künstlerin Menga Dolf aufmerksam gemacht; so zieht sich wenigstens eine frauliche Handschrift durch das ganze Buch.

Für mich war die Predigtreihe eine Entdeckungsreise: Es ging hin und her in der Bibel, von leichten bis zu schwer befrachteten Geschichten. Das ganze Leben ist darin abgebildet und aufmerksam Lesende werden auch das Zeitgeschehen oft zwischen und manchmal auf den Zeilen aufblitzen sehen. Und man wird schnell merken, dass es mich zusätzlich reizte, nicht nur das, sondern auch die Geschichte Jesu Christi sich in den ausgewählten Sätzen spiegeln zu lassen.

In meiner Meilemer Gemeinde habe ich als Lesung immer den Zusammenhang vorlesen lassen, in den der gewählte Satz gehört. Es hilft sehr zum Verstehen der Predigten, wenn Sie sich die Mühe nehmen, in der Bibel den betreffenden Abschnitt zu lesen. Überhaupt sollte man sich Zeit nehmen; lieber laut lesen als leise und nur eine Predigt aufs Mal.

Dem Verlag schulde ich Dank: einmal dafür, dass er sich auf die Publikation eingelassen hat (diesmal habe ich danach gefragt), zum andern für die mich beeindruckende Sorgfalt und das Einfühlungsvermögen des Lektorats.

Dies ist mein dritter und letzter Predigtband. Wenn er nachdenklich macht und wenn er Freude bereitet, will ich zufrieden sein.

Meilen, im Juli 2005   *Lukas Spinner*

1. Eva

«Die Schlange hat mich verführt; da
habe ich gegessen.»

1. Mose 3,13

In der Bibel ist das der allererste Satz, der von einer
Frau zu Gott gesagt wird; ein denkwürdiger Satz also.

Damit es gleich zu Beginn klar ist: Die Geschichte
von Adam und Eva wurde – nach heutigem Stand der
Forschung – in der Königszeit Israels wohl in Jerusalem aufgeschrieben. Sie ist Zeugnis eines tiefsinnigen
Nachdenkens über das Wesen des Menschen. Als Geschichte der Urzeit wird sie erzählt, weil sie das Wesen
der Menschen von Urzeit an beschreibt. Adam und Eva:
das ist unser Wesen, das sind wir alle. Deshalb ist diese Geschichte so spannend.

Nicht Freude, nicht Not, sondern Schuld führt zu
den ersten Sätzen der Menschen vor Gott. Da stehen
sie, nackt und beschämt, Adam und Eva, ertappt und
befragt – und sie stehen zu ihrer Schuld. Seit dieser Geschichte hat sich das in unendlichen Variationen
wiederholt: Wo der Mensch vor Gott steht, fühlt er sich
an seine Schuld erinnert, Mann und Frau. Am liebsten
bedeckte und versteckte er sich, denn er weiss zu viel
und weiss, dass Gott alles weiss.

Man fühlt sich nicht gerne durchschaut, schnell greift
man zu den Blättern und bedeckt, was niemand sehen
soll; aber vor wem sollte sich der Mensch verstecken
im Garten Eden, wenn nicht vor Gott? Doch Gott
durchschaut den Menschen.

Da steht sie nun, die Frau, und gesteht, was sie nicht hätte tun sollen: «Ich habe gegessen.» Denselben Satz hat vor ihr auch der Mann gesagt. So stehen sie beide da und bekennen sich schuldig. Die Geschichte des menschlichen Redens mit Gott beginnt offenbar als eine Geschichte der Schuld.

Nun hat jede Schuld auch ihren Grund. Grundlos verstrickt sich kaum jemand in Schuld. So mag es nützlich sein, wenn der Mensch den Grund oder auch nur den Anlass nennt, der zur Schuld geführt hat. Nützlich ist das für den Schuldig-Gewordenen, nützlich auch für dessen Gegenüber. Es hilft, die Schuld zu verstehen. So erklärt der Mann, wie es dazu hat kommen können: Die Frau habe ihm von dem Baum gegeben, und schliesslich habe ja Gott ihm diese Frau zugesellt. Und die Frau erklärt, die Schlange habe sie in Versuchung geführt, und schliesslich habe ja Gott die Schlange wie alle Tiere des Feldes geschaffen.

Es ist verflixt mit solchen Erklärungen. Zwar machen sie die Schuld verständlicher, aber irgendwie haben sie auch den Geruch von fatalen Entschuldigungen. Erklärt man, um von der Schuld wegzukommen? Wird die Schuld leichter, wenn sie verständlich ist? Bleibt nur solche Schuld als schwere Schuld liegen, die nicht zu erklären und nicht zu begründen ist? – Es scheint so schwer zu sein, einfach hinzustehen und zu sagen: «Ja, ich habe gegessen, und ich wusste, dass ich es nicht tun durfte.»

Wir wollen aber nicht vergessen, dass auch für den Verletzten eine Erklärung hilfreich sein kann. Oft wirkt Schuld weniger verletzend, wenn man sich erklären kann, wieso der andere so gehandelt hat. Durch die Erklärung schimmert hindurch: Eigentlich wollte ich dich nicht verletzen, aber da kam eine andere Macht und die war stärker. Nicht böser Wille war das Motiv, sondern meine Schwachheit. – Vielen fällt es leichter, eine Schwachheit zu verzeihen als einen bösen Willen.

Wie auch immer: Im ersten Gespräch der Frau mit Gott steht diese zu ihrer Schuld und zugleich erklärt sie sie: «Die Schlange hat mich verführt.» – Der Erzähler dieser Geschichte konnte wohl nicht ahnen, was er mit einem solchen Satz in manchen Gemütern bewirkte. Wir wollen einmal schweigen von all dem Unrecht, das damit einem der faszinierendsten Geschöpfe der Tierwelt angetan wird. Dass die Schlange, die sich häuten und so erneuern kann und deren Gift als Heilmittel bekannt war, als das klügste der Tiere galt, ist zu verstehen. Dass der Mensch, Mann und Frau, in seinem schuldhaften Verhalten immer neben den inneren Antrieben auch eine äussere Macht spürt, ist wohl wahr. Aber mit keinem Wort sagt die Geschichte, dass die Schlange der Teufel sei, und schon gar nicht meint sie, dass die Frau besonders anfällig für die teuflischen Einflüsterungen wäre. Zum Glück ist die Zeit langsam überstanden, da die Bibel – zur Schande des Mannes sei es gesagt – so gelesen wurde.

Nein, die Schlange sagt, was ihrer listenreichen Klugheit entspricht, und Eva isst von dem Baum, der sie klug machen soll.

Und noch immer isst der Mensch, Mann und Frau, von diesem Baum der Erkenntnis. Von mancherlei Stimmen getrieben, steigen wir immer höher hinauf in die Äste des Baumes und essen die entferntesten Früchte und erkennen immer mehr und gebärden uns auch immer mehr wie Götter. Es ist, als ob wir diesen einen Baum aus dem Paradies mit hinausgenommen hätten samt der uns verführenden Stimme. Hier können wir uns nicht Einhalt gebieten, wir forschen und suchen und entdecken – und spüren zugleich, dass das alles unsere Kräfte übersteigt.

Und dann stehen wir da mit Heilmitteln und Bomben, mit Technologien und Giften, verunsichert und nackt, und gestehen: «Ja, wir haben gegessen und essen noch immer. Denn die Früchte sind lieblich anzusehen.» Aber uns schwant etwas von Verantwortung, die zu tragen unsere Aufgabe wäre; nur sind die Schultern zu schwach.

Welch eine Geschichte!

Erst draussen, jenseits des Paradieses, nannte der Mensch seine Frau Eva; das klang nach «Leben», denn Mutter der Lebenden sollte sie werden. Schuld aber führt zum Tod. So schenkt die Frau von Generation zu Generation neues Leben, diesmal nicht wegen der Schlange, sondern wegen des Mannes, dem Gott sie doch beigesellt hat. Und das neue Leben sieht sich bald vor den Baum der Erkenntnis gesetzt, es drückt die Schulbank, lernt und spürt die Verantwortung und weiss bald mehr, als es verantworten kann.

Noch steht im Paradies der Baum des Lebens. Es war Evas Schwester Maria, die einen Sohn gebar, der von den Früchten dieses Baumes uns erzählte. Er stahl sie nicht, sie waren sein, er teilte aus und lud ein, davon zu kosten. Denn das Leid der Menschen berührte sein Herz. Versöhnung hiess die Frucht, Liebe auch und Glaube. Wer von ihr kostet, spürt das Himmelreich. Amen.

2. Sara

«Ich habe nicht gelacht!»

1. Mose 18,15

So bunt die Menschen sind, so vielfältig ist ihr Lachen. Es kann hell und fröhlich klingen, leise und gütig, grob und grölend, schelmisch und oft auch schadenfreudig. Das Lachen der Sara ist noch einmal anders. Natürlich hat sie gelacht, auch wenn sie es jetzt nicht mehr wahrhaben will. Es war das Lachen des Unglaubens. Und das tut weh.

Ich muss etwas ausholen. Immer schon hätte Sara, Abrahams Frau, ihrem Manne gern ein Kind geschenkt. War es die Hoffnung Abrahams, war es die Umwelt oder die nicht vergessene nächtliche Verheissung Gottes: Die Erfüllung des Wunsches nach einem Kind wurde gleichsam zum Symbol des Segens und des Glücks. Aber die Jahre zogen dahin, und es wollte nicht werden. Was so vielversprechend begonnen hatte, blieb ohne Frucht. Und ob sie wollte oder nicht: Es lastete eine Enttäuschung über der älter werdenden Sara. Langsam erstarb auch ihre Hoffnung, sie wurde welk wie ihr Körper. Es hat eben nicht sein sollen.

Es ist nicht leicht, mit Enttäuschungen umzugehen. Am Beginn manchen Lebens stehen grosse Hoffnungen, herrliche Ziele, Vorstellungen von Glück und Harmonie, und mit frischer Kraft geht man an die Arbeit, um das Erhoffte zu verwirklichen. Und dann ziehen die Jahre dahin, und es kommt anders als erhofft, oft auch schmerzlich anders. Statt des harmonischen Glücks hält man Scherben in der Hand, und die Kraft, noch viel zu ändern, schwindet, die Hoffnung ist welk geworden. Das alles geschieht in manch einem Leben. Es sind Geschichten, die Kraft rauben, Geschichten, die einem das Lachen austreiben. Sie schaffen die Grautöne des Lebens und schlucken die lichten Farben. Es wäre so wichtig, aus solchen Geschichten wieder herauszukommen mit neuer Kraft, mit einem Strahl der Hoffnung. Aber man kann nicht mehr.

Sara hat gelacht. Doch es war ein enttäuschtes, ein resigniertes Lachen. Hinter dem Eingang des Zeltes hatte sie belauscht, was diese seltsamen drei Gäste, die unter dem Baume sassen, ihrem Mann Abraham sagten. Übers Jahr werde er einen Nachkommen haben, ein Kind von ihr, der Sara. Das war nun angesichts ihrer welken Körper wirklich zum Lachen. Nachdem man ein Leben lang gewartet hatte, sollte nun plötzlich im Alter wirklich werden, was gar nicht mehr an der Zeit war. Nein, noch einmal wollte sich Sara nicht auf den Weg der Hoffnung machen. Sie war gründlich desillusioniert; sie machte sich keine Illusionen mehr und hatte für solche Versprechen nur ein Lachen übrig.

Soll man es Realismus nennen, richtige Einschätzung der Umstände, was Sara zum Lachen brachte? Jetzt, wo die Verheissung so nah war wie nie zuvor, hatte sie den Glauben daran gründlich verloren und konnte die Vorstellung nur komisch finden, dass sie und ihren alten Mann noch Liebeslust ankäme. Nein, die Hoffnung war aufgegeben; nur noch ein Lachen hatte sie dafür übrig. Damit hat Sara in den Chor all derer eingestimmt, die aus Enttäuschung und Verletzung nur noch bitter lachen können, wenn eine Verheissung sie trifft. Ein Lachen des Unglaubens nannte ich das. Dieses Lachen tut weh, weil es am Ende einer schmerzlichen Geschichte steht. Voller Glauben hatte da ein Mensch begonnen, und er erwartete viel von seinem Leben und von seinem Gott. Und Jahr für Jahr wurde die Hoffnung kleiner, bis sie ganz erlosch, weil weder das Leben noch Gott das gebracht hatten, worauf er so sehr gehofft hatte! Wer verstünde das nicht. Und gerade weil man es so gut versteht, tut dieses Lachen weh.

Saras Lachen traf Gott in seiner Ehre. Hatte sie drinnen im Zelt gar so laut gelacht, dass die drei Gäste unter dem Baum es hören mussten? Oder spürten diese seltsamen Boten einfach in ihrem Herzen, was mit Sara vor sich gegangen war? Da war nun Gott vom Himmel heruntergekommen und hatte Abraham bei seinem Zelt aufgesucht, um ihm die nahe Verheissung anzukündigen, und Sara wusste nichts anderes zu tun als zu lachen. Wenn die Hoffnung verschwunden ist, sieht man nur noch all die Zeichen, die jeder Hoffnung widersprechen. Alles ist welk, alles zu spät, alles nicht mehr der Rede wert. Ein müdes Lachen lässt die Welt, wie sie ist.

Wer es mit Gott zu tun bekommt, der müsste wissen, dass er es immer auch mit einer Verheissung zu tun bekommt. Dort, wo die Welt grau geworden ist, bringt Gott ein Licht mit Farbe; dort, wo alles in sich verfangen ist, bricht Gott etwas auf; dort, wo alles nur dunkel scheint, führt Gott in ein Land der Helligkeit. Gegen alle Wirklichkeit zu hoffen, gegen allen Augenschein zu vertrauen, gegen alle Wahrscheinlichkeit zu lieben, das wäre der rechte Empfang Gottes in unserem Leben. Was sollen da der Kuchen, die Milch und das Kalb, wenn nicht mehr geglaubt wird, was Gott uns verspricht? Auch wenn Sara Gott zuliebe mit allem Eifer drei Scheffel Mehl knetet: Ihr Lachen trifft Gott in seiner Ehre.

Da stellt Gott Sara zur Rede: «Warum lacht denn Sara, ist denn irgendetwas unmöglich für den Herrn?» Und jetzt, wie ein ertapptes Mädchen, sagt die alte Frau: «Ich habe nicht gelacht!» Eigenartig: Wer die Kraft Gottes spürt, wer sie so nahe spürt, der schämt sich plötzlich seines Unglaubens. Er fürchtet sich, weil er so gering dachte von Gott. Jetzt, da das Erhoffte sich wirklich anbahnt, will man nicht mehr wahrhaben, wie hoffnungslos man war.

«Doch, du hast gelacht!», sagen die himmlischen Gäste. – Vielleicht werden auch wir das einmal hören müssen, wenn wir nicht mehr wahrhaben wollen, wie sehr uns der Glaube in unserem Leben abhanden gekommen ist: «Doch, du hast gelacht!»

Aber trotz ihrem Unglauben, trotz ihrem Lachen kommt, was Gott versprochen hat. Nicht der Glaube bringt es, sondern Gott selbst. Und als dann – über ein Jahr – die glückliche Sara ihren Sohn in den Armen hielt, meinte sie: «Ein Lachen hat mir Gott bereitet», und nennt ihn Isaak: «er lacht». Freut sie sich wirklich? – Ach, die Sara genierte sich: «Wie werden die Leute lachen, wenn sie hören, dass ich noch im Alter einem Sohn das Leben schenkte!»

Freu dich doch, Sara, und vergiss die andern! Lach, weil deine Hoffnung erfüllt ist – und möge Gott freundlich lachen über deinem Sohn! Amen.

3. Hagar

«Ich kann den Tod des Knaben nicht
mit ansehen.»

1. Mose 21,16

Am heutigen Sonntag, dem letzten vor der Adventszeit,
mute ich Ihnen einen Satz zu, der einem das Herz zerreisst. Dieser Satz möge all das aufnehmen, was uns in
unserm Leben im zu Ende gehenden Jahr das Herz zerrissen hat. Für eine Weile sollen nicht der Dank und die
Freude Thema sein, sondern das, was unsere Tränen
fliessen lässt in dieser so oft zerrissenen Welt. Ich will
all das nicht aufzählen, ich will bloss von Hagars Kum-
mer berichten, aber im Herzen denke ich an den Kum-
mer vieler Nachgeborener.

Hagar: Wie hatte es doch so verheissungsvoll begonnen. Zwar war sie bloss Magd, nicht Herrin, an das
Arbeiten gewöhnt, treue Dienerin ihres Herrn. Doch
ihr war es vergönnt, dass sie ihrem Herrn ein Kind
schenken durfte, als ihre Herrin unfruchtbar blieb:
Ismael, die Hoffnung Abrahams, der Lichtstrahl Hagars.
Nun war sie nicht mehr bloss Magd, sie war – und
das musste sie bis ins Tiefste bewegen – Stammmutter
der gesegneten Nachkommenschaft Abrahams. Welche
Hoffnung verband sich mit diesem Knaben, welche
Lust, für ihn zu sorgen und ihm eine glänzende Zukunft
zu bereiten, und welch tiefe Freude ihres Herrn, des Vaters Abraham!

Wo Glück ist, da ist der Neider nicht fern. Jedes Lachen des Knaben, jede Liebkosung der Mutter war ein
Stich ins Herz der unglücklichen Sara, Abrahams Frau,

die ihrem Mann kein Kind gebar. Stiche ins Herz zeugen die Eifersucht und Eifersucht zeugt den Hass. Sicher hat Hagar da Fehler gemacht, ihr Glück allzu unbedacht gezeigt, auf Saras Schmerz zu wenig Rücksicht genommen, wie überhaupt Menschen im Glück so oft das Gefühl dafür verlieren, wie es andern, den nicht Gesegneten, zumute sein muss. So tritt denn an den Rand der Glücksgeschichte der einen die Hassgeschichte der andern wie eine schwarze Wolke am Rand des blauen Himmels – und man ahnt das Gewitter.

Doch manchmal wenden sich die Verhältnisse. Das Unglaubliche geschah: Sara bekam einen Sohn und nun war Isaak der Stern Abrahams. Das tut weh, wenn sich plötzlich alles umkehrt. Zwar gedieh der kleine Ismael, der kaum etwas von der betrogenen Hoffnung ahnte und sich wohl eher freute über seinen neuen Halbbruder, mit dem er spielen konnte. Aber aus war es mit den hochfliegenden Plänen seiner Mutter, aus mit der Sonderstellung. Es ist so schwer, ins zweite Glied zurückzutreten, wenn man einmal ganz vorne gestanden hat.

Und diesmal ist es Sara, die Fehler macht. Man sollte meinen, sie hätte genügend gelernt, wie es sich anfühlt, zurückgesetzt zu sein, man sollte meinen, dass sie ihrer Magd nun mit grösserem Mitgefühl begegnet wäre, man hätte hoffen können, dass sie in Hagar eine Schicksalsschwester erkannt hätte. Aber so läuft es in der Welt oft nicht. Jetzt, da die Verhältnisse sich gewendet hatten, verkehrte sich auch die alte Ungerechtigkeit. Nun war es Sara, die ihren Stolz haben wollte, nun war Sara an der Macht, und der alte Hass wurde zur neuen Unterdrückung. Am Ende steht die Rache. Und das auch in einer Geschichte unter Frauen.

Hagar musste den Platz räumen, sie musste gehen mit ihrem Sohn Ismael. Zwei zerstrittene Frauen mit ihren Söhnen unter demselben Dach, das war zu viel, mehr jedenfalls, als Abraham friedlich zusammenhalten konnte. Einmal mehr führte der Hass zur Trennung, zur Vertreibung, zur Flucht. Und Flucht bedeutet Elend, Ausland, Wüste. Damals und heute.

Was hatte sie nun noch, die einst so glückliche Hagar? Ihren Sohn und etwas Brot und etwas Wasser, das ihr von Abraham mitgegeben worden war. Aber da war die endlose Wüste, die Trockenheit und die Hitze am Tag und die Kälte in der Nacht. Bald war das Brot gegessen, bald auch das Wasser getrunken, und es blieben nur das Kind und die Trockenheit und die Hitze und die Kälte. Und es kam der Hunger und es kam der Durst, Hagar war in Not, in tiefster Not.

Wie hilflos zerrissen muss das Herz einer Mutter sein, wenn sie es nicht mehr vermag, bei ihrem Kind zu bleiben, dessen Not so heillos ist! Unter den kärglichen Schatten eines Wüstenstrauchs hatte sie ihr Kind mehr geworfen als gelegt und dann sich abgewandt. Der Anblick des sterbenden Knaben war ihr zu viel: «Ich kann den Tod des Knaben nicht mit ansehen.» Welch Elend schreit einem aus einem solchen Satz entgegen! Die Mutter, die doch nähren und zu trinken geben sollte, sieht sich aller Mittel beraubt, und ihre ganze Liebe, ihre ganze Hoffnung wirft sie von sich, und doch kann sie sich nicht trennen. Einen Bogenschuss weit wirft sie selbst sich nieder.

Da beginnt das Kind zu weinen. Was die Augen nicht sehen, das hört das Ohr. Arme Mutter!

Ich weiss, es ist eine alte Geschichte. Aber noch immer zerreisst sie das Herz, weil im Erzählen einer solchen Geschichte so manches hochzukommen beginnt, was uns schon das Herz zerrissen hat. Unsere Welt ist voll von zerrissenen Herzen, und oft sind wir es, die solche Geschichten unter einen Strauch werfen, auch unsere eigenen, weil wir ihnen nicht ins Gesicht sehen können. Sie schmerzen zu sehr. Aber auch das kennen wir: Dass der Schrei solcher Geschichten an unser Ohr dringt, selbst dann, wenn wir meinten, wir hätten sie weit hinter uns gelassen. So wollen wir dieses Mal unser Ohr nicht verschliessen – und sitzen und hören, wie Hagar es tat.

Ein anderer noch hörte das Weinen des Knaben. Zu Gott dringt das Schreien der Hilflosen. Wenn die Welt zur Wüste wird und der Durst unermesslich, wenn bei Menschen keine Hilfe ist, dann tritt der Engel in das Leben ein. So erzählt es die Geschichte. Gott hört das Weinen, kein Tränlein ist vor ihm zu klein. Und er spricht Hagar an.

«Fürchte dich nicht!», sagt er und behutsam öffnet er ihr die Augen, die nichts mehr sehen wollten. Und Hagar schaut und entdeckt den Wasserquell vor ihr. Ein Wunder? Ja, gewiss ein Wunder: Gott in meiner Not, ein Brunnen in der Wüste, Leben im Tod. Es ist das immer wiederkehrende Wunder, von dem der Glaube erzählt. Der Engel kommt; er reisst den einen aus seiner Not, er bringt dem andern Vergebung in seiner Schuld, er sättigt den Hungernden, er birgt in seinen Armen den, der stirbt.

Diesmal wird es so erzählt: Hagar nahm den Knaben und hielt ihn fest und gab ihm zu trinken aus dem Wasserquell: Ein grosses Volk sollte aus ihm werden.

Ob die Juden und die Araber von dieser Geschichte wissen, das Volk Isaaks und das Volk Ismaels? Beides Kinder Abrahams, Nachkommen ihrer streitenden Mütter. So viele warten auf den Engel in zerstrittener Zeit. Amen.

4. Rebekka

«Auch deinen Kamelen will ich
schöpfen, bis sie genug getrunken
haben.»

1. Mose 24,19

Nicht alles, was man von Rebekka erzählen kann, ist
gut. Aber diese erste Geschichte, die muss einem das
Herz einnehmen für diese junge Frau. Kein Wunder, dass
am Ende dieser Geschichte Isaak sie lieb gewann.

Da hat also Isaaks Vater seinen Knecht in die Weite
geschickt, um für seinen Sohn eine Frau zu finden, möglichst eine aus dem eigenen Volk. Und Abrahams Knecht
hat seine eigene Art, Gott zu bitten, ihm bei dieser Brautschau zu helfen. Schliesslich liegt ihm daran, dass die
künftige Frau seines jungen Herrn auch tüchtig ist.

Für uns ist das schon etwas ungewöhnlich, dass der
Knecht geschickt wird, um eine Frau für den Sohn heim-
zuführen. Weshalb konnte denn der Sohn, Isaak, nicht
selbst gehen? Mag sein, dass der Vater darum wusste,
wie schnell ein ungestümer Jüngling seinen Kopf
verliert, wenn er ein hübsches Mädchen sieht, und dann
ganz vergisst zu prüfen, ob hinter dem hübschen Gesicht noch etwas mehr steckt. Merkwürdiger ist noch,
dass der Sohn sich dies gefallen liess. Man stelle sich
das heute vor. Es soll aber Menschen geben, die be-
haupten, die Ehen seien nicht weniger glücklich herausgekommen, als noch die Eltern bestimmten, wer
zusammengehöre. Aber lassen wir das...

Da kommt also Abrahams Knecht nach langer Wan-
derung durch die Wüste in Abrahams alte Heimat, durs-

tig und erschöpft, samt seinen durstigen Kamelen, die neben anderem die nötigen Geschenke mittragen. Und da ruht er an einem Brunnen, aus dessen Tiefe Wasser käme. Nur ein Schöpfgefäss hat er nicht.

Und jetzt tritt die junge Rebekka in die Geschichte. Sie kommt mit ihrem Krug auf der Achsel und schöpft Wasser. Ein schönes Bild – an einem Brunnen im Morgenland. Dem Knecht gefällt das. Und er bittet die Frau um Wasser für seine durstige Kehle. Nur darum bittet er. Aber eigentlich will er mehr. Er will prüfen, ob das schöne Mädchen mehr sieht als den durstigen Menschen, prüfen, ob die junge Frau auch mehr tun will, als bloss einem Wanderer zu trinken zu geben.

Da fällt nun dieser schöne Satz der Rebekka: «Auch deinen Kamelen will ich schöpfen, bis sie genug getrunken haben.»

Ich denke, die meisten von uns, liebe Gemeinde, sind nicht auf Brautschau. Aber ein solcher Satz für Kamele tut jeder Seele wohl. – Weshalb?

Er zeugt von Menschen, die offene Augen haben. Seine Pflicht tut in der Regel jeder, aber wenn es über das Verlangte hinausgeht, blinzelt man gerne mit den Augen: So genau möchte man nicht hinsehen, wenn noch weitere Arbeit wartet. Eifrig gibt man dem Menschen zu trinken und geflissentlich schaut man an den Kamelen vorbei. Schliesslich hat ja auch keiner sie erwähnt. Wegen unserer angeborenen Faulheit sind durstige Kamele nicht gern gesehen; wenn man blinzelt, verschwinden sie sogar im Wüstensand. Rebekka aber hält ihre Augen geöffnet und erbarmt sich der Tiere. Wie muss eine solche Frau einem ganzen Haus gut tun! Jetzt hält auch der Knecht seine Augen offen.

Aber offene Augen reichen nicht. Es gibt ja genug Menschen, die durchaus sehen, was alles zu tun wäre, und sie könnten es auch benennen. Aber sie denken nicht daran, die Arbeit auch anzupacken. Weshalb sollte ich das alles tun, da sollen die andern vorangehen, ich bin doch nicht der Dumme, und schliesslich habe ich ja schon etwas gemacht. – Woher es kommt, dass zwei eine Arbeit sehen, aber bloss der eine sie anpackt und der andere nicht, das ist schwer zu sagen. Es braucht offenbar so etwas wie einen Ruck des Willens. Während der eine darüber disputiert, ob es denn gerecht sei, wenn er sich an die Arbeit machte, hat der andere längst schon begonnen. – Rebekka eilt zum Brunnen und schöpft und schöpft. Der Knecht aber wundert sich und hofft.

Sehen und wollen allein reichen nicht. Es muss auch die Kraft da sein. Manch eine sieht die Arbeit und will sie auch tun, aber die Kräfte reichen nicht – und sie übernimmt sich und am Schluss ist keinem geholfen. Ein Kamel zu tränken, das ginge wohl noch. Aber eine ganze Karawane! Und denken Sie nur, was alles in einen Kamelmagen hineingeht, von trinken kann da nicht die Rede sein: Da saufen zehn Kamele und Rebekka läuft und läuft. Solche Kraft, so selbstverständlich eingesetzt zum Nutzen von Mensch und Tieren: Das ist ein Geschenk. Und der Knecht weiss: Diese junge Frau muss es sein, wenn sie denn zum Volk seines Herrn gehört.

Sehen und wollen und können: Das zeichnet Rebekka aus. Wenn zu solcher Tüchtigkeit noch ein schönes Antlitz kommt, dann muss doch das Herz im Leib des Knechtes hüpfen.

Und schon einen Tag später tragen die von Rebekka getränkten Kamele die für Isaak bestimmte Braut nach Westen. Das hätte sie wohl nicht gedacht: Dass sie eben den Tieren zu trinken gab, die sie dann in ihre neue Heimat führten. Es ist ein sinnreiches Wechselspiel auf dieser Erde, dass manch selbstlos geleistete Hilfe segensreich auf den Helfenden zurückkommt. Man sage nicht, dass man stets ins Leere hinein helfe.

Was möchten Sie nun sein, liebe Gemeinde: einer wie Abrahams Knecht, der staunend und sich wundernd die Menschen beobachtet und beglückt die Tüchtigen sammelt? Oder eine wie Rebekka, die so selbstverständlich mehr tut, als gefordert ist, und so ihrem Glück entgegengeht? Oder einer wie Isaak, der einfach wartet, bis sein Glück ihm zufällt, weil andere sich darum sorgen?

Ach, ich fürchte, viele von uns sind einfach Kamele, die Durst haben und von Herzen dankbar sind, dass da helfende Hände Wasser schöpfen und sie tränken. – Jedenfalls freuen wir uns in jedem Gottesdienst über die Augen, die unsere Not sehen, und wir freuen uns über den sich erbarmenden Willen eines, der uns hilft, und über die starken Hände, die uns Wasser schöpfen, lebendiges Wasser. Da könnten wir schon Kamele sein – Kamele, die vielleicht helfen, einen Schatz seinem Ziel entgegen zu tragen.

Heute nimmt die Geschichte ein schönes Ende. Als endlich Isaak die für ihn Erwählte sah, gewann er sie lieb. Wer könnte das nicht verstehen! Eine glückliche Zeit begann. – Noch wusste Isaak nicht, dass einmal seine Augen trübe würden, noch wusste er nicht, dass einmal seine tüchtige Frau ihn hintergehen würde. Das ist dann eine andere Geschichte. Amen.

5. Lea

«Nunmehr will ich den Herrn preisen!»

1. Mose 29,35

Lea sagt nicht viel in der Bibel. Sie war weniger schön als ihre jüngere Schwester. Ihre Augen glänzten nicht so feurig wie die Rahels, und wenn ihr Vater sie nicht Jakob untergejubelt hätte, wäre sie wohl ohne Mann geblieben. – Aber das Glück ist nicht immer auf der Seite der Schönen. Manchmal erbarmt sich das Schicksal. Die wenig geliebte Lea gebar Jakob Kinder, und die schöne Rahel blieb vorderhand kinderlos. Das öffnete Lea den Mund. Und sie gab den Kindern Namen, die ihr, der Mutter, Schicksal beschrieben.

So jedenfalls sieht es der Erzähler und er hört aus dem Wortlaut der Namen das Schicksal dieser Frau. Da ist der erste Sohn: Ruben. Und das klingt im Hebräischen wie «Elend angesehen». Dann der zweite: Simeon. Das klingt wie «gehört», die Zurücksetzung gehört. Dann der dritte: Levi. Das klingt wie «anhänglich», jetzt wird doch mein Mann mir anhänglich sein. Und nun der letzte, der vierte Knabe: Juda. Und das klingt wie «den Herrn preisen». So entstand durch die Reihenfolge der Söhne ein eigener Lebenspsalm: Gott hat mein Elend angesehen, er hat gehört von meiner Zurücksetzung, und er hat geholfen, dass mein Mann an mir hängt, deshalb will ich den Herrn preisen. Welch ein Schicksal dieser Frau mit den matten Augen!

Am Schluss der vier Geburten steht das Lob Gottes. Dort hat es seinen schönsten Platz: am Ende einer bewegten Geschichte. Sicher, man kann lobend den Tag beginnen, aber wer weiss, was kommen mag. Wer Gott am Abend preist, der weiss, was er tut. Und wenn es am Abend eines bewegten Tages ist, dann klingt das Lob noch inniger. Wer es immer gut hatte, wer kaum geprüft wurde und wie in einer Kutsche durchs Leben fuhr, dessen Lob klingt anders als das Lob des Menschen, der geweint hat, verzweifelt und zornig war und Durst und Hunger kennen gelernt hat. Das Lob am Ende einer bewegten Geschichte.

Den Namen Juda bekam nicht der erste Sohn, noch nicht, denn da war die Erschütterung noch zu gross, auch nicht der zweite und nicht der dritte. Erst beim vierten war das Herz so weit, nun nicht mehr bloss an sich und die Nächsten zu denken. Jetzt war es an der Zeit, Gott zu loben, sich seiner zu freuen. «Nunmehr will ich den Herrn preisen!», sagte mit heller Stimme die Lea mit den matten Augen.

Man kann sich vorstellen, wie dieser Jüngste der vier mit seinen drei Brüdern aufwuchs und wie immer, wenn die Mutter ihn betrachtete und ihn beim Namen nannte, sie sich ihres Weges erinnerte und in ihrem Herzen Gott zu preisen begann. Er hatte sich ihrer angenommen, ihre Geschichte, die so mühselig begonnen hatte, zu einem guten Ende geführt. Juda war das Lob am Ende einer langen Zeit, in der dem Herzen nicht ums Loben gewesen war.

Nun werden, liebe Gemeinde, die wenigsten von uns vier Söhne haben. Und keiner hat einen Juda. Aber es lohnt sich, einen Moment innezuhalten und zu überlegen: Wo stehe ich in meiner Geschichte? Noch mitten im Leid und in Tränen? Oder doch schon bei Ruben, bei der Gewissheit, dass da einer meine Not angesehen hat? Bei Simeon, weil ich weiss, dass Gott mich hört in meiner Zurücksetzung? Bei Levi, weil ich spüre, dass Menschen nahe bei mir sind? Oder gar doch bei Juda, weil ich einstimme in das Lob des Herrn, aus vollem Herzen einstimme? – Es mag aber auch sein, dass ich überhaupt nicht den Weg der Lea gehen muss, es gibt ja auch Rahel, die Schwester mit den glänzenden Augen. Sie spürte von Anfang an, dass Jakob sie ins Herz geschlossen hatte. Ob auch sie nicht vergessen hat, den Herrn zu preisen?

Nun, die Geschichte war mit Juda nicht abgeschlossen. Jakob bekam weitere Söhne, von den Mägden der beiden Frauen, dann noch weitere von Lea und schliesslich gar zwei von Rahel, die seine besonderen Lieblinge waren: Josef und Benjamin. Solange wir leben, geht die Geschichte weiter und keiner weiss, ob am Ende ein Juda steht, ein Lobpreis Gottes.

Die Geschichte ging in der Tat weiter, weiter, als die Bibel sie erzählt. Und das Volk, das sich von Anfang an solche Geschichten erzählte, wurde nach Juda genannt, es ist das Volk der Juden. Die Frommen dieses Volkes wissen wohl, woher ihr Name kommt, sie kennen den Satz ihrer Ahnfrau, den Satz der Lea. «Nunmehr will ich den Herrn preisen!» Mit diesem Namen gehen die Juden durch ihre Geschichte. Und das ist nun wahrhaftig eine bewegende Geschichte, voll von Elend, von Zurücksetzung, von Leid und auch von Erhörung. Nein, mit der Geburt des Juda war der Weg noch lange nicht zu Ende. Es ist, als ob noch immer all die Stationen in Leas Leben von diesem Volk durchlebt werden müssten. Es ist, als ob der Name Juda noch lange nicht an der Zeit wäre, auch heute nicht. Wer möchte denn jetzt schon Gott preisen, wenn er daran denkt, was im Land der Juden geschieht? Und doch trägt dieses Volk diesen Namen, und in erschütternder Weise haben viele dieses Volkes auch in schwierigster Zeit ihren Mund aufgetan und den Herrn gepriesen: Sie wollten «Juden» sein.

Es ist nicht leicht, den Weg Leas zu gehen. Manch eine möchte lieber Rahel sein, mit glänzenden Augen und von schöner Gestalt, Liebling der Menschen und wohl auch Liebling Gottes. Da sieht, da spürt man den Segen Gottes. So könnte man loben und preisen, sich freuen und lustig sein. Da wäre man so ganz Kind Gottes, den Menschen nahe und auch dem Herrn: geliebte Tochter oder geliebter Sohn, ein Josef oder ein Benjamin.

Es war Jakob, der sein Herz an den anmutigen Josef hängte und dann erst recht an seinen Jüngsten, Benjamin: an Rahels Söhne. Es war Jakob, der Vater. Aber es war nicht Gott. Denn die Bibel erzählt eine andere Geschichte. O ja, Gott hatte einen geliebten Sohn, einen, auf den alle hören sollten. Aber der kam nicht vom Stamm der Lieblinge, er war nicht Rahels Spross. Von Lea kam er her, von der Frau mit den matten Augen. Und Juda war sein Ahnherr. Gottes Sohn – einer von Juda.

«Nunmehr will ich den Herrn preisen!» – so steht denn dieser Satz auch über dem Leben und Sterben des Jesus von Nazaret. Und noch einmal werden wir in eine bewegende Geschichte hineingenommen, in eine Geschichte von Schuld und Ablehnung, von Kreuz und Tod. Und wieder tönt der Lobpreis Gottes: «Freut euch, freut euch im Herrn!» Denn diese Geschichte erzählt von Gott, der das Elend gesehen, die Schuld gehört und versöhnliche Nähe gestiftet hat. Sie erzählt von einem Gott, der Leben brachte ins Elend, in die Schuld und in den Tod hinein. Vom Sieg der Versöhnung, vom Sieg des Lebens erzählt sie.

So wollen wir denn unsere eigene Geschichte hineinzeichnen in diese grosse Geschichte von Gottes geliebtem Sohn. Einmal wird doch die Zeit kommen, da wir einstimmen können in Leas Satz zu ihrem vierten Sohn. Im Gottesdienst üben wir es schon, was wir einmal am Ende sagen möchten: «Nunmehr will ich den Herrn preisen!» Amen.

6. Rahel

«Mein Herr, zürne nicht, dass ich mich
nicht vor dir erheben kann; denn es geht
mir, wie es den Frauen geht.»

1. Mose 31,35

Am Anfang unserer Reise in ein neues Jahrtausend will
ich an die liebliche Rahel erinnern, als sie am Anfang
ihrer Reise in eine neue Heimat stand. Mit Schmunzeln
erzählt man schon seit Jahrhunderten ihre Geschichte
in Israel.

Rahel wusste, dass ihr Mann sie liebte. Das tat gut.
Vierzehn Jahre lang hatte Jakob bei ihrem Vater
gedient, um sie zu bekommen. Das ist mehr, als die
Männer heutzutage tun. Also muss die Liebe sehr gross
gewesen sein. Jakob war aber nicht bloss ein guter Liebhaber, er war auch ein erfolgreicher Geschäftsmann.
Sein Geschäft war die Viehzucht, und unter seinen Händen vervielfachte sich die Herde seines Herrn. – Jakob
war aber nicht bloss ein erfolgreicher Geschäftsmann,
er war auch ein Träumer. Er träumte von seinem Gott,
von seinem Lebensglück. Und jetzt – nach zwanzig
Jahren Arbeit in der Fremde – sagte ihm sein Gott, er
solle mit seinem Besitz und seiner Familie in seine alte
Heimat zurück kehren.

Ja, Heimat war es für ihn, aber Fremde für seine liebliche Frau. Auswandern hiess das für sie. Das brauchte Mut. Aber wo Liebe ist, da wächst auch der Mut.
Und Rahel sattelte ihr Kamel. – Aber konnte sie sich
einfach den Träumen ihres Mannes anvertrauen, sich
bloss auf seinen Gott verlassen? Nein, bei aller Liebe,

das konnte sie nicht. Träume sind Schäume und zergehen so rasch in den Händen. Die liebliche Rahel brauchte etwas, woran sie sich festhalten konnte. Und das gab es auch – im Zelt ihres Vaters. Da war ein kleiner Hausgott, ein Götze, den man sehen und betasten konnte. Er half bei Fragen und sicherte den Segen. Der musste mit. Und Rahel hatte ihn in den Sattel des Kamels gesteckt, bevor sie das Tier bestieg. Jakob brauchte davon nicht zu wissen. Und schon hatte die liebliche Rahel ihr erstes Geheimnis vor ihrem Mann.

Jakob wollte nicht Abschied nehmen von seinem Schwiegervater: Er verschwand auf französisch. Denn es hätte sein können, dass sein Meister ihn nicht hätte ziehen lassen, jedenfalls nicht mit so vielen Tieren oder nicht mit seiner Frau. Rahel war der fehlende Abschied recht; so musste sie nicht über den Götzen reden.

So war man aufgebrochen in die neue Zeit. Jakob mit seinem Gott und mit Vertrauen, Rahel mit ihrem Götzen und so wohl versichert, beide mit dem Vieh und mit vielen Menschen, die zum Haushalt gehörten. Die Zukunft stand offen vor ihnen.

Aber die Vergangenheit holte sie ein. Plötzlich stand der Vater da mit seinen restlichen Knechten, erbost, dass er nicht hatte Abschied nehmen können, verletzt und tief verärgert über den Diebstahl seines Hausgottes – und vielleicht noch mehr über die ihm verloren gegangenen Tiere.

Es ist immer schwierig, wenn man voller Hoffnung in die Zukunft schreitet, sich der Vergangenheit stellen zu müssen. Lästig ist es. Aber einfach davonlaufen ist selten gut. Da lohnt sich schon ein Gespräch, auch wenn es weh tut. Jakob redete mit seinem Schwiegervater. Zum Glück war auch dieser ein Träumer: Gott hatte ihm eingegeben, den Jakob samt seiner Familie ziehen zu lassen. Aber von seinem Hausgott hatte sein Traum nichts gesagt. Den musste er wieder haben.

Hat man in der Hauptsache gewonnen, soll man in der Nebensache nachgeben. Das sagte sich Jakob und er nahm den Mund voll: «Untersuche all meine Leute, wenn du deinen Gott bei einem findest, soll der des Todes sein». Es war gut, sich seiner Sache sicher zu sein. Jakob wusste: Er hatte seine Leute im Griff. Sie vertrauten ihm, und er vertraute seinem Gott. Was soll da also ein Götze? – Ach, hätte Jakob bloss den Mund nicht so voll genommen. Wenn er sich von seinen Träumen begeistern liess, hiess das noch lange nicht, dass alle andern seine Begeisterung einfach teilten.

Nun, der Schwiegervater begann tatsächlich, nach seinem Gott zu suchen. Er wurde so zum Gottessucher eigener Art. Nicht im Gebet und in der Meditation, nicht auf Wanderungen durch Wälder oder in der Wüste, nicht durch Lektüre oder gar im Schlaf, nein, er suchte Gott mit seinen Händen. In jedes Zelt trat er, jedes Wäschestück durchsuchte er, jede Decke durchwühlte er: Irgendwo musste doch dieser Gott zu finden sein. Seinen Glücksbringer wollte er wiederhaben. – Jakob muss schmunzelnd zugeschaut haben. Er war sich seiner Sache sicher.

Nicht so die liebliche Rahel, die ihr Geheimnis hatte. Ihr Geheimnis hatte sie in den Sattel ihres Kamels gesteckt, den aber hatte sie in ihr Zelt gebracht und auf ihm sass sie nun. Da hatte sie den Götzen zu ihrer Versicherung mitlaufen lassen, und nun sass sie über ihm und er verunsicherte sie ganz. Ach, diese Männer, dass sie immer den Mund so voll nehmen mussten!

Und schliesslich stand der alles durchwühlende Vater vor ihr. Da hätte die Tochter aufstehen müssen. Aber das liebliche Kind sagte halb schüchtern, halb verlegen: «Mein Herr, zürne nicht, dass ich mich nicht vor dir erheben kann; denn es geht mir, wie es den Frauen geht.» Das aber war eine Lüge, die aus dem lieblichen Mund der Rahel kam. Erst das kleine Geheimnis, dann die Lüge. Aber womit hätte sie sich gegen die vollmundige Welt der Männer wehren sollen? Frauen haben ihre eigenen Waffen und Rahel vermochte sie unwiderstehlich einzusetzen.

Nein, damit wollte der Vater nichts zu tun haben, das war Frauensache, und er liess die Rahel auf dem Kamelsattel sitzen und ahnte nichts von dem Götzen. – Rahel wird es nicht zum Schmunzeln zumute gewesen sein; eher heiss wird ihr gewesen sein. Denn der Götze entwickelte unter ihrem – mit Verlaub zu sagen – Hintern eine gewaltige Wärme, aber nicht ganz so, wie sie sich's gewünscht hätte.

Und spätestens hier müssen sie gelacht haben, all die Menschen von Israel, die sich in späteren Zeiten diese Geschichte erzählten. Ein Götze, das, was so vielen abergläubischen Menschen das Allerwerteste war – ein Götze unter dem Allerwertesten einer Frau, die ihre Tage hatte. Ach, man machte sich gerne lustig über die religiösen Schwächen der Menschen. Und deshalb verzieh man der lieblichen Rahel auch ihre Lüge gern.

Der Vater habe dann seine Tochter geküsst und sei ohne seinen Gott zurückgekehrt. Rahel aber zog in die neue Zeit, einer neuen Heimat entgegen. Niemand berichtet, was sie mit dem Götzen tat. Sie wird sich gehütet haben, ihn Jakob zu zeigen. Ach, sie verstecken sich gern, diese Götzen, unter dem Hemd, in einer Schublade, in der Manteltasche. Man hat sie bei sich, nur so zur Sicherheit, wenn man Unbekanntem entgegengeht.

Nicht jeder träumt von Gott. So leicht ist das nicht, seinen Weg ihm allein anzuvertrauen. Sollten wir über die liebliche Rahel gelächelt haben, dann war es wohl auch ein Lächeln über uns. Amen.

7. Potifars Frau

«Lege dich zu mir!»

1. Mose 39,12

Potifars Frau: ein Mensch wie unsereiner? – Ich weiss nicht. Sie gehörte zu den besseren Leuten, zu den Damen der Gesellschaft. Ihr Mann war Oberst, im Dienste des Pharaos, Chef der Sicherheit. Geld war genügend da für einen angenehmen Haushalt, an Bediensteten fehlte es nicht, und die Annehmlichkeiten des Luxus konnte man sich leisten.

Ein schönes Leben war das. Aber der Preis des schönen Lebens ist nur zu oft Langeweile. Wer sich alles leisten kann, weiss nicht mehr, was er wünschen soll. Und wer vieles haben kann, hat Mühe, bei einem zu bleiben. Ihr Mann war geschäftig, viel unterwegs, an Sitzungen, auf Reisen und wer weiss wo überall. Da mag sich seine Frau schon vernachlässigt vorgekommen sein; mit der Liebe war es wohl nicht mehr wie in den ersten Tagen. Es war alles so selbstverständlich geworden; es fehlte die Spannung, es wollte nirgends mehr knistern.

Und da brachte ihr Mann diesen Sklaven ins Haus, diesen Josef aus einem fremden Land. Jung war er und schön, hinreissend schön und dabei erst noch so pflichtbewusst und tüchtig. Potifars Frau, des Gewohnten überdrüssig, verfiel diesem ausländischen Wesen, wie wenn plötzlich vor einer ausgetrockneten Seele ein Becher mit köstlichstem Trank stünde.

Mag sein, dass die Frau sich zuerst ihrer Gefühle schämte, sich nur im Geheimen eingestand, wofür ihr

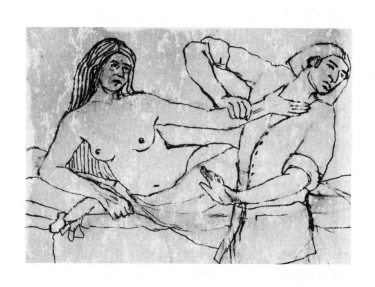

Herz plötzlich loderte. Mag sein, dass sie sich schämte vor ihren Bediensteten und erst recht vor ihren Freundinnen. Aber wie konnte sie Josef vergessen, der im Hause herumging wie ein Vertrauter. – Ach, wenn die Liebe einschlägt, ist sie stärker als alle Vernunft und besiegt selbst die Scham. Und nach Liebe hatte sie sich doch gesehnt, nach Liebe und Leidenschaft.

So kam denn der Tag, da sie sich Josef offenbarte, die Herrin dem Knecht. Sie war es ja gewöhnt zu befehlen. Also wusste sie auch in dieser heikeln Angelegenheit nichts anderes als zu befehlen. So konnte sie sich wenigstens den Anschein geben, noch Herrin ihrer Gefühle zu bleiben. «Lege dich zu mir!», sagt sie kurz und bündig zu diesem schönen Jüngling und weiss doch selbst, dass sie damit aus jeder Rolle fällt.

Potifars Frau: ein Mensch wie unsereiner? – Wer kann das wissen. Vielleicht schüttelt man den Kopf über diese Frau. Wie kann sie auch! Mag sein, dass es bald einmal ruchbar wurde im Hause des Potifar, dass die Herrin ein Auge auf den ausländischen Sklaven geworfen hatte. Mag sein, dass sogar die Freundinnen anfingen, darüber zu tuscheln. Denn Freundinnen, die Damen der Gesellschaft sind, pflegen gerne zu tuscheln. Wohl alle sprachen davon, nur der geschäftige Potifar blieb ahnungslos.

Und natürlich wussten auch alle, dass das völlig daneben war, was da die Herrin und Freundin sich leistete. Oh, die Sätze klangen giftig und spöttisch, und wer wollte, konnte dahinter sogar eine Prise Neid ausmachen. Jedenfalls war in der ägyptischen Damenwelt für eine Sensation gesorgt.

Zugegeben: Der biblische Text verrät darüber nichts. Anders steht es im Koran, der Josefs Geschichte in auffallender Ausführlichkeit berichtet. Etwas möchte ich

Ihnen daraus nicht vorenthalten. Da wird erzählt, dass die Freundinnen so abfällig über Potifars Frau und ihre Leidenschaft sprachen, dass die Frau sich auf ihre Weise wehrte. Sie lud zu einem Essen ein, gab jeder ihrer Freundinnen ein scharfes Messerchen in die Hand und servierte dann wohl Früchte, die mit dem Messerchen zu schneiden waren. Dann liess sie Josef eintreten, den die Freundinnen noch nicht kannten. Und alle konnten den Blick nicht von ihm wenden und schnitten sich in die Finger. Jetzt erfuhren all die schwatzenden Freundinnen: Sie waren nicht anders als Potifars Frau. – Ach, wie oft ist einer rein geblieben, bloss weil die Versuchung nie an ihn herangetreten ist.

Josef, so berichtet es die biblische Geschichte, blieb rein, auch mitten in der Geschichte dieser Versuchung. Es mag ja sein, dass er seine Herrin so attraktiv nun auch nicht fand, dass es ihn gelockt hätte, ihrem Befehl zu gehorchen. Nicht jede Frau ist unwiderstehlich. Aber wir wollen jetzt nicht aus dieser Dame noch eine abgelebte, vergangene Schönheit machen. Das wäre zu einfach. Nehmen wir an, all die ägyptischen Kosmetika hätten ihren Dienst getan und Potifars Frau sei im höchsten Mass verlockend geblieben. Erst dann macht Josefs Antwort Sinn.

Also: Nicht, weil er keine Lust gehabt hätte, verweigerte sich Josef seiner Herrin. Er tat es, weil er das Vertrauen seines Herrn nicht missbrauchen wollte. So einfach und so klar war das für ihn: Er wollte das Vertrauen nicht missbrauchen. Die Liebe und die Leidenschaft sind herrliche Kräfte, knisternd oft und prickelnd. Vertrauen knistert nicht, aber es ist ein unerhörtes Kapital, einer der kostbarsten Werte zwischen Mann und Frau, zwischen Kind und Eltern, zwischen Unterstelltem und Vorgesetztem.

Es gibt eine Zeit, wo der Respekt vor dem Vertrauen noch stärker ist als die Leidenschaft. Es ist die Zeit, in der man noch Nein sagen kann. Bald genug wird die Leidenschaft stärker und der Respekt vor dem Vertrauen schwindet. Für Potifars Frau war es bereits zu spät, Josef vermochte noch, Nein zu sagen, und er tat es – höflich und bestimmt.

Aber Josef war noch jung. Sonst hätte er wissen müssen, dass er das Haus hätte verlassen sollen. Lodernde Leidenschaft begnügt sich nicht mit einem Nein. Und es kam, wie es eben kommt. Die Frau konnte nicht lassen von ihrem Feuer, und als die Gelegenheit günstig schien, ergriff sie den Jüngling und sagte noch einmal: «Lege dich zu mir!»

Josef aber riss sich los und floh ohne Kleid. Da fühlte sich die Herrin so blossgestellt, so verletzt in ihrem leidenschaftlichen Gefühl, dass sich die Liebe in Hass verkehrte und sie Josef beschuldigte und nicht ruhte, bis er ins Gefängnis geworfen wurde: die Tragik verschmähter Liebe.

Potifars Frau: ein Mensch wie unsereiner? – Sie wissen es selbst, liebe Gemeinde. Und Gott weiss es. Er, der uns alle begleitet auf unseren Wegen und Irrwegen. Er, der die Josefs ausstattet mit Schönheit und Klugheit und sie doch nicht bewahrt vor Nachstellung und Verfolgung. Er, der Potifars Frauen mit Reichtum segnet und sie doch nicht bewahrt vor Langeweile und Leidenschaft, vor Versuchung und Verletzung. Er, der uns begleitet durch unsere Geschichten, in der wir Vertrauen bewahren und Vertrauen zerstören. Ja, Gott weiss es, Gott, der auch aus bösen Geschichten Gutes werden lässt. Amen.

8. *Schifra und Pua*

«Die hebräischen Frauen sind nicht
wie die ägyptischen, sondern
naturwüchsiger; ehe die Hebamme
zu ihnen kommt, haben sie schon
geboren.»

2. Mose 1,19

Das war schlicht gelogen, was da die Hebammen dem
Pharao erzählten. Und es ist schon etwas ungewöhnlich, dass man einer Predigt eine Lüge zu Grunde legt.
Dass man heute noch mit Ehrfurcht von diesen beiden
Frauen erzählt, das haben sie ihrer Lüge zu verdanken.
Keine Spur also davon, dass die hebräischen Frauen naturwüchsiger geboren hätten als die ägyptischen. Dem
in diesen Dingen unerfahrenen Pharao allerdings mochte es einleuchten, schliesslich bildete er sich viel ein auf
die Kultur seines Landes. Mit ihren Mittelchen und Po-
maden, mit ihren Salben und Tinkturen mussten doch
die ägyptischen Frauen feiner, edler, kostbarer sein. Ein
rechter Ägypter kommt nicht holterdiepolter auf die
Welt, sondern nimmt sich Zeit. Aber bei den grob-
schlächtigen Hebräerinnen, da geht es bestimmt zu wie
bei den Tieren, so dachte der verzärtelte Pharao. Die
Hebammen hatten sich das klug ausgedacht. Der ägyp-
tische König konnte stolz sein auf das Vorgelogene.
Man glaubt gern, was man gerne hört.

Klar, sein Plan konnte nicht funktionieren bei diesem
wilden Volk. Dabei war er doch so ausgeklügelt. Worum ging es? Unheimlich war ihm diese Fruchtbarkeit

der Ausländer mitten in seinem Land. Als Arbeiter waren sie ihm schon recht, die Hebräer. Aber wenn sie immer zahlreicher und stärker würden, dann würde es politisch gefährlich. Also musste man das Übel an der Wurzel packen. Dafür waren die Hebammen da, dachte sich der Pharao. Sollte ein Knabe auf die Welt kommen, dann wüssten sie schon irgendeinen Dreh, wie das kleine Geschöpfchen gleich bei der Geburt umkäme, sollte es ein Mädchen sein, dann konnte man es leben lassen, die sind nicht gefährlich. Die Mütter würden gar nicht merken, was da gespielt wurde, es gäbe keinen Protest, sondern alles wäre bloss Schicksal und der Pharao hätte seine Ruhe.

So hatte er es geplant und so hatte er es den Hebammen aufgetragen. Der König von Ägypten war es gewohnt zu befehlen, und er duldete es nicht, dass ihm widersprochen wurde. Die Hebammen hatten sich verneigt und sich an ihre Arbeit gemacht.

Was ist die Arbeit der Hebammen? Zum Leben zu verhelfen. Dieser Tätigkeit hatten sie sich voll und ganz verschrieben: zum Leben zu verhelfen. Dort, wo neues Leben das Licht der Welt erblicken wollte, waren sie gefragt. An dieser entscheidenden Stelle menschlichen Lebens tätig zu sein, das erzeugt wohl eine eigene Frömmigkeit. Denn wenn Gott der Schöpfer allen Lebens ist, dann ist die Hebamme im Dienste Gottes, Gottes Helferin.

Wer sich im Dienste Gottes weiss, der hört nicht auf menschliche Herren, wenn sie verlangen, was Gott widerspricht. Das ist der Grund, weshalb Mächtige Mühe haben mit Gott. Sie merken, dass da einer ist, dem die Menschen mehr gehorchen als ihnen, und das ertragen sie schlecht.

Es waren nicht zwei mächtige Helden, auch keine finanzstarken Magnaten, es waren wohl auch nicht zwei verführerische Frauen, die da nicht taten, was der Pharao befahl. Es waren einfach zwei Hebammen, die ganz im Dienste Gottes standen. Und sie waren schlau. Sie sehnten sich nicht nach einem Martyrium. Sie verbeugten sich vor dem Pharao – so stelle ich es mir vor –, sie widersprachen ihm nicht ins Gesicht. Denn dann wären sie ersetzt worden und andere hätten getan, was sie verhindern wollten.

Wer dem Willen Gottes in einer bösen Welt zum Ziel verhelfen will, der muss offensichtlich mehr sein als ehrlich, er muss schlau sein. Es mag sein, dass die Tätigkeit an der Grenze des Lebens zu einer eigenen Naturwüchsigkeit führt, die Hebammen auf ihre Art schlauer werden lässt als die Studierten. Da kann man nicht lange hin- und herdisputieren. Es eilt, wenn ein Kind zur Welt kommt, und alles ordnet sich ganz selbstverständlich dem einen Ziel unter: zum Leben zu verhelfen.

Wenn man bedenkt, was Hebammen alles erleben können, dann liesse sich fast sagen, sie seien, wenn nicht mit allen, so doch mit vielen Wassern gewaschen. Sie hatten es mit dem zur Welt kommenden Leben zu tun, deshalb machte ihnen der Pharao keinen Eindruck. Auch ihm hatte einmal eine Hebamme auf die Welt geholfen und auch er hatte seine Windeln schmutzig gemacht.

So blieben die beiden Hebammen ihrer Arbeit treu, ihrer Arbeit und ihrem Gott. Sie liessen sich nicht befehlen und liessen sich nicht einschüchtern. Und ihrer naturwüchsigen Frömmigkeit verdankte manch hebräischer Knabe sein Leben.

Der ausgeklügelte Plan des Pharaos war nicht aufgegangen. Der König von Ägypten merkte bald, dass immer noch hebräische Buben zur Welt kamen, und er wollte die beiden Hebammen zur Rechenschaft ziehen. Und da waren die Frauen um eine Antwort nicht verlegen, eine Antwort, der, wie wir sahen, der naive Pharao Glauben schenkte: «Die hebräischen Frauen sind nicht wie die ägyptischen, sondern naturwüchsiger; ehe die Hebamme zu ihnen kommt, haben sie schon geboren.»

Israel liebte solche Geschichten. Es sind Geschichten der List der frommen Kleinen gegen die rücksichtslosen Grossen. Solche Geschichten geben etwas wieder von der List des Lebens selbst, das sich gegen widrige Umstände durchsetzen muss, so wie man es im eigenen Garten, im Tierreich und bei Menschen tausendfach beobachten kann. Es sind Geschichten der List der göttlichen Kraft, die sich gegen Tod und Teufel durchsetzen will.

Kein Zweifel: Es war gelogen, was die Hebammen dem Pharao sagten. Und das soll recht sein? Manchmal beissen sich List und Moral. Aber wer den beiden Helferinnen Gottes die Lüge übel nimmt, muss sich mindestens die Fragen gefallen lassen, ob er nun wirklich dem Willen Gottes oder bloss dem Prinzip der Ehrlichkeit nachfolgt. Die beiden Frauen hatten damit kein Problem; sie arbeiteten am Leben und nicht an ihrer reinen Weste.

Zum Leben verhelfen, notfalls mit List zum Leben verhelfen: Dem hatten sich die Hebammen verschrieben. Es gibt kaum eine sinnvollere Aufgabe für Dienerinnen und Diener Gottes als diese: zum Leben zu verhelfen, wo immer sie stehen. Den Armen und Entrechteten, den Sehnsüchtigen und Trauernden, den Schuldigen und Verirrten zum Leben verhelfen. Gott braucht noch viele Hebammen für sein Reich – für Christen wäre es ein Ehrentitel.

Manch eine Hebamme von Gottes Reich bleibt na-
menlos. Aber von diesen beiden weiss man die Namen:
Schifra und Pua hiessen sie. Auf Deutsch bedeutet das
«Schönheit» und «Glanz». Amen.

9. Die Tochter des Pharaos

«Das ist eins von den Kindlein der
Hebräer.»

2. Mose 2,6

Menschliche List und göttliche Fügung treffen sich in
der Geschichte von Moses Geburt so harmonisch, dass
es zum Heil ausschlägt – und uns zur Freude, wenn wir
diese Geschichte lesen.

Eigentlich beginnt sie mit Grauen, wie viele Geschichten des Heils. Auf Befehl des mächtigen Pharaos
wird in Ägypten jeder hebräische Knabe umgebracht,
der zur Welt kommt. Niemand hat den Mut, dem
Befehl des Pharaos zu widerstehen. Aus dem Schmerz
und dem Klagen der Mütter und Väter heraus entsteht
diese Geschichte.

Da ist eine Mutter, die ihren neugeborenen Sohn
betrachtet wie Gott seinen ersten Schöpfungstag. Sie
«sah, dass er gut war». Sie kann ihn nicht dem Tod
überlassen. Macht hat sie keine, und starker Protest
würde nichts helfen. Also besinnt sie sich auf eine List.
Schon einmal hat doch eine Arche Leben gerettet im
Grauen ringsum. Sie nimmt ein Kästlein aus Rohr, eine
winzige Arche, gerade gross genug für ihr Söhnlein, und
bestreicht es mit Pech und lässt es schwimmen am Ran-
de des Nils. Sie weiss wohl, dass dort die Tochter des
Pharaos spazieren geht.

Ausgerechnet die Tochter des Pharaos, von dem alles Unheil ausgeht! List scheut sich nicht vor der Höh-
le des Löwen. Doch des Pharaos Tochter ist eine Frau,
und darauf baut die List der Mutter.

Nun fügt sich, was die Mutter nicht selbst bewirken kann. Tatsächlich kommt die Tochter des Pharaos mit ihren Dienerinnen, um an eben dieser Stelle zu baden, und sie entdeckt das Kästlein aus Rohr. Und als sie es öffnet, sieht sie das Kind. Sie versteht gleich, wie es zu dieser Aussetzung gekommen sein muss: «Das ist eins von den Kindlein der Hebräer», sagt sie.

Und da geschieht, worauf die Mutter gehofft hat: Die Tochter des Pharaos hat Mitleid mit dem Kind. – Wenn Unheil immer wieder von Menschen ausgeht, die des Mitleids nicht fähig sind, so steht umgekehrt am Anfang vieler Heilsgeschichten ein Mensch, der Mitleid empfindet. Mitleid kommt aus dem Herzen und kümmert sich wenig um die Gesetze und Befehle, die aus dem Kopf kommen. Mitleid bringt die Regeln heilvoll durcheinander. Da zählt nicht gross oder klein, ob Volksgenosse oder Ausländer, nicht reich oder arm, noch Freundschaft oder Feindschaft. Mitleid sprengt die Grenzen und wendet sich mit urtümlicher Kraft dem zu, der unser bedarf.

Die List der Mutter mit dem Kästlein ist das eine, die Fügung, dass die Tochter des Pharaos zur rechten Zeit am rechten Ort ist, das andere. Dass aber im Herzen dieser Tochter das Mitleid sich regt, das ist nun das alles Entscheidende. Hinter einer heilvollen Fügung kann man Gottes Hand erkennen. Aber in der Regung des Mitleids spürt man Gottes Kraft.

Wer auf der Suche nach den Spuren Gottes ist in unserer Welt, freut sich über die Geschichten wunderbarer Fügung. Aber leichter noch wird er Gott überall dort finden, wo bei Menschen Mitleid sich regt. Was ist Gott in unserer Welt? – Die Kraft des Mitleids – das ist Gott. Gottlos wird die Welt dort, wo sich kein Erbarmen regt.

«Das ist eins von den Kindlein der Hebräer»: In diesem

einen Satz der Tochter des Pharaos schwingt das Mitleid mit. Gott gefällt es in dieser Geschichte, im Herzen einer Ägypterin zu wirken.

Erinnert Sie das an eine Geschichte des Neuen Testamentes? – Da war auch ein Hebräer, diesmal kein Kind, sondern ein Erwachsener. Er lag, von erbarmungslosen Räubern niedergeschlagen, am Wegrand. Seine Volksgenossen gingen an ihm vorüber. Aber es fügte sich, dass einer des Weges kam von einem andern Volk. Der blieb stehen, und wie er den Niedergeschlagenen sah, da hatte er Erbarmen, wie es heisst in dieser Geschichte. «Er hatte Erbarmen». Damit wendete sich alles zum Heil. Er half dem Verletzten auf und rettete ihn. – Jesus hat diese Geschichte vom barmherzigen Samariter erzählt. Auch das eine Geschichte, in der Gott spürbar ist, nicht im eigenen Volk, sondern im Fremden, der Mitleid hat. Er ist unser Nächster, weil in ihm uns Gott begegnet. Sie gehören zusammen, die beiden: die Tochter des Pharaos und der barmherzige Samariter.

Die listige Mutter des Knäbleins hat fest darauf gehofft, dass Gott noch immer im Herzen der Menschen wirksam ist, wenn auch nicht im herrischen Herzen des Pharaos, dann doch im fraulichen Herzen seiner Tochter. Weil die Tochter ihrem Herzen nicht widerstehen kann, widersteht sie dem Befehl ihres Vaters.

So beginnt die Heilsgeschichte. Das Leben dieses Knaben ist gerettet. Des mächtigen Pharaos Tochter erklärt dieses Kind zu ihrem Sohn und damit ist es geschützt vor aller Nachstellung. Die heilvolle Geschichte hat aber noch einen besonderen Reiz. Wie kann diese neue Mutter das ihr zugefallene Kind stillen? Auch daran hat die listige leibliche Mutter gedacht. Denn jetzt, da das Mitleid offenbar ist, tritt die Schwester des Knäbleins hervor, die sich bisher versteckt gehalten hatte, und redet von einer Frau, die als Amme tauglich wäre. Das ist die Lösung für die Tochter des Pharaos. Der Junge kommt, bis er entwöhnt ist, zu der Frau, die seine leibliche Mutter ist. Und damals hat man ein Kind mehrere Jahre gestillt.

So haben sich List und Fügung heilvoll getroffen; die Kraft des Mitleids hat die Geschichte zu einer Geschichte Gottes gemacht. – Ich weiss: Nicht in jeder unserer Geschichten trifft sich alles so heilvoll. Aber das ist kein Grund, sich nicht über diese eine Geschichte von ganzem Herzen zu freuen.

Mose wusste, dass er ein gerettetes Kind war. Viele seiner Volksgenossen aber litten Not. Wer ein Empfinden dafür hat, dass er gerettet ist, wer weiss, dass er sich Gottes Kraft verdankt, der wird nicht ruhen, wenn er andere leiden sieht. Jedenfalls hat Mose nicht geruht. Oder sollen wir sagen: Gottes Kraft liess ihn nicht ruhen? Aus der kleinen Heilsgeschichte seiner Geburt wurde später die grosse Heilsgeschichte der Rettung seines Volkes. Er, der aus dem Wasser gezogen wurde, zog mit seinem ganzen Volke durch das Wasser weg von Ägypten dem verheissenen Land entgegen.

Aber vergessen wir es nicht: Am Anfang der Geschichte stand das Herz der Tochter des Pharaos, das Herz, das Mitleid hatte. Amen.

10. Mirjam

«Singet dem Herrn, denn hoch
erhaben ist er; Ross und Reiter warf
er ins Meer!»

2. Mose 15,21

Da schlägt die Prophetin Mirjam auf ihr Tamburin und
lädt alle Frauen zum jauchzenden Tanz ein. Wer sollte
sich da nicht freuen! Eben noch war man bedroht, hatte Angst vor dem mächtigen Heer, fürchtete die Waffen
und die gepanzerten Wagen und floh durch die anste-
henden Fluten des Wassers und keuchte ans jenseitige
Ufer, im Rücken die herandonnernden Soldaten des
mächtigen Feindes, die nur Schrecken ankündigten. –
Und weg war der Feind – versunken in den Wellen: Das
schützende Meer trennte die Welt der Qual vom Ort,
der eine neue Zukunft versprach. Mag sein, dass die
tapferen Männer des eigenen Volkes ihre Sprache verloren hatten, denn nicht ihre Kraft hatte all das bewirkt;
sie hatten keinen Grund, stolz zu sein. Gott selbst hatte gerichtet, ihm verdankten die singenden Frauen ihre
Freiheit:

«Singet dem Herrn, denn hoch
erhaben ist er; Ross und Reiter warf
er ins Meer!»

Es könnte sein, dass dieser jauchzende Vers der Mirjam
der älteste Satz der Bibel ist. Es spricht einiges dafür,
dass ebendieser Vers damals beim Wunder am Schilf-
meer entstanden ist und nicht bloss der Fantasie späte-

rer Erzähler entsprang. Biblisches Urgestein hätten wir da, 3200 Jahre alt, Ursprung unserer Religion.

Dass ein jauchzender Satz einer Frau am Anfang steht, eine Einladung zum Tanz und zum Gesang, das gefiele mir. Dass eine unerwartete Rettung den Hintergrund des Jauchzens bildet, das zeichnet den Weg des Glaubens vor. Das Singen erschütterter und befreiter Menschen: Das wäre die Ur-Gemeinde. Gott hat uns Ruhe geschenkt, Ruhe vor der Qual, Ruhe vor der Angst und der Ungewissheit. Wer möchte da nicht singen mit Mirjam und all ihren Töchtern, wenn keiner und keine sich mehr fürchten müsste vor Angriff, Gewalttat und Terror. «Ross und Reiter warf er ins Meer.»

Was ist aus diesem Lied geworden – durch all die Jahrhunderte, geworden bis hin zum heutigen Tag? Sind wir noch immer Mirjams Geschwister – am sicheren Ufer unserer Zukunft entgegen tanzend? Wie tönt das Tamburin in diesen Tagen?

Drei Möglichkeiten sehe ich, wie Mirjams Vers bis in die heutigen Tage klingt. Jede der drei klingt gut und jede klingt falsch. Ach, Mirjam, sag doch, wie sollen wir singen?

Gilt noch immer, dass Gott es ist, er allein, der die Wellen den Schrecken zu ertränken heisst? Gilt Gott das Lied der Töchter Mirjams – und so war es doch –, dann ist es nach wie vor kein Lied der tapferen Männer. Es ist anzustimmen gerade in Zeiten der Angst, trotzig anzustimmen, weil da Menschen sind, die nicht ihrer eigenen Kraft vertrauen, sondern auf Gottes Kraft bauen und ihn die Wasser führen lassen. Er, er allein wirft Ross und Reiter ins Meer; das brauchen nicht wir zu tun, denn Gott ist es, der regiert. Und ihm werden wir das Danklied singen. Das mag ein Lied sein, das tapferen Männern widerstrebt, aber es ist ein gewaltiges Lied, das Lied des Gottvertrauens, das mächtig tönen kann aus Kirchen und Häusern.

Es klingt gut, dies erste Lied; und ich hätte es gern öfter gehört in diesen Tagen. Und doch klingt es zu bestimmter Zeit auch falsch. Kann Mirjams Lied gesungen werden, noch bevor das Meer sich spaltet? Ist es nicht stets ein Lied des Dankes dann, wenn wirklich Gott auf wunderbare und nicht erwartete Weise eingegriffen hat? Ich darf doch nicht die Ordnung der Welt im Voraus auf Gottes Wunder bauen. – Waren denn nicht unzählige Menschen von tiefer Dankbarkeit erfüllt, als im letzten Krieg nun nicht Gott, sondern die jungen Männer Amerikas kamen und kämpften? Es hat die Kirchen nicht gehindert, am Ende mit allen Glocken zu läuten.

Ja, sollten dann – und das wäre gleichsam die zweite Melodie – all die Prophetinnen und ihre Schwestern das Lied singen, um ihre Männer zu begeistern für den heiligen Kampf? Wenn Gott mit Wasser und Wellen hilft, Ross und Reiter zu ertränken, muss er dann nicht erst recht auf Seiten seines Volkes stehen, wenn sich dieses gegen das Böse verbündet und den Kampf der Gerechten kämpft? Tanzen die Frauen, damit die Männer kriegen? – Ein gewaltiges Lied wäre auch das, ein Mut machendes, ein begeisterndes, das jeden, der da in den Kampf zieht, in seiner Mission bestärkte. Da verbänden sich Gottvertrauen und Vertrauen auf eigene Kraft zum heiligen Krieg.

So ist dieses Urgestein unserer Religion immer wieder verstanden und gesungen worden, im jüdischen Volk, in der Christenheit – nicht nur zur Zeit der Kreuzzüge – und auch bei den Brüdern und Schwestern des Islams, die ihren Glauben auf demselben Gestein aufgebaut haben. Eindrücklich ist ein solches Lied – und schrecklich zugleich. Schrecklich tönt es, wenn es angestimmt wird von den uns fremden Völkern, aber nicht weniger schrecklich, wenn es in den eigenen Reihen ähnlich zu klingen beginnt. Ein heiliger Kampf der Gerechtigkeit gegen die Söhne der Finsternis: Mirjam, Mirjam, hast du dieses Lied gewollt?

Kann denn eine Religion, die ihren Gott Ross und Reiter ins Meer werfen lässt und darob jubelt und jauchzt, anderes von ihren treusten Anhängern erwarten, als dass auch sie gegen alle Rosse und Reiter zu kämpfen beginnen, die sie als böse bezeichnen? Ertränkte Rosse und Reiter als Preis der Freiheit? Sie seien alle schuldig, diese jungen Männer unter dem Befehl des Pharaos, allesamt Söhne von Müttern und Vätern? Was heisst denn schuldig – in einem Krieg, und was heisst unschuldige Opfer? Nein, Mirjam, die Leichen im Meer ersticken mir die Stimme, wenn ich in dein Lied einstimmen soll.

Vielleicht müssten wir – und das wäre die dritte Art, das Lied zu singen – die Worte selbst ins Wasser werfen, um sie gleichsam zu taufen. Ich möchte an einen Gott glauben, der nicht Ross und Reiter ins Meer wirft, wohl aber Hass und Gewalt. Einer, der nicht mit Gewalt gegen Gewalt sich durchsetzt, einer, der nicht hoch erhaben ist, sondern der tief zu mir herunter gekommen ist, einer der kein Herr ist, sondern der ein Knecht geworden ist, dir zuliebe, Mirjam, und auch Ross und Reitern zuliebe.

> «Singet dem Knecht, denn tief hat er sich
> zu uns gebeugt; Hass und Gewalt
> wichen vor ihm ins Meer.»

Ein solches Lied sänge ich gern. Es klänge weniger gewaltig, aber es wäre ein Lied der Liebe. Und es klänge schön.

Und doch weiss ich, dass auch dieses Lied falsch klingen kann. Es gehört zur Tragik dieser Welt, dass wir nicht sauber trennen können zwischen Hass und Hassendem, zwischen böser Gewalt und dem die böse Gewalt vollziehenden Menschen. Es gehört zur Tragik dieser Welt, dass ich schuldig werde, wenn ich gegen Hass und Gewalt mich schützen will.

Lass uns singen, Mirjam, meinetwegen auch mit Tamburin, aber lass es uns in diesen Tagen nicht gedankenlos tun! Amen.

11. *Rahab*

«Ich weiss nicht, wohin sie
gegangen sind.»

Josua 2,5

Es mag einem widerstreben, dieser Rahab eine ganze
Predigt zu widmen. Eine stadtbekannte Dirne war sie
und eine Kollaborateurin dazu. Nimmt sie doch feind-
liche Spione in ihr Haus auf, versteckt sie vor der
Polizei und schmeichelt sich bereits ein für den Fall,
dass die Feinde die Stadt einnähmen. Die Leute von Jericho wären entsetzt gewesen, wenn sie all das gewusst
hätten.

Und diese Frau, diese äusserst zweifelhafte Frau wird
Jahrhunderte später im Neuen Testament hoch gelobt.
Sie gilt als leuchtendes Beispiel für den Glauben (Hebräer 11,31), und sie reiht sich ein in die lange Reihe
der Vorfahren von Jesus (Matthäus 1,5): Die Urur-
grossmutter des leuchtenden Königs David war sie!
Kein Wort der Kritik ist zu finden gegen sie. – Etwas
muss die Menschen fasziniert haben an dieser Rahab,
etwas, was stärker war als alle moralischen Bedenken.
Dem möchte ich auf die Spur kommen.

Mit einer Lüge fangen wir an. «Ich weiss nicht, wohin
sie gegangen sind.» Das sagt Rahab zu den Leuten von
Jericho, die die fremden Kundschafter, Spione also, finden wollen. Sie weiss es sehr wohl: Nirgendwohin sind
sie gegangen, sondern sie selbst hat sie versteckt auf
dem eigenen Dachboden. Sie hilft diesen Männern, obwohl die nichts anderes im Sinn haben als möglichst

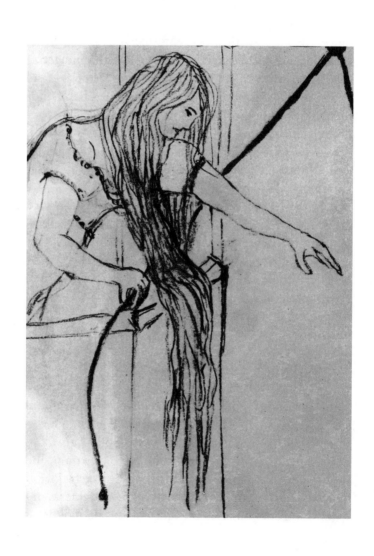

viel über Jericho herauszufinden, um es desto leichter erobern zu können.

Das haben sie wohl klug gemacht, dass sie gerade zu einer Dirne gegangen sind, zu einer also, die sich gut auskannte in der Stadt, die aber schlecht eingebettet war in das soziale Netz. Es war damit zu rechnen, dass sie eine eigene Gewissenlosigkeit ihrer Stadt gegenüber hätte. Also war sie für Informationen die richtige Frau. Und hier, bei ihr fällt es nicht sonderlich auf, wenn fremde Männer auf Besuch sind.

Nun pflegen wohl Dirnen nicht allzu viel zu fragen. Sie nehmen den, der kommt, wissen nicht, woher die Männer kommen, und wissen nicht, wohin sie gehen. Sie sollen das auch nicht wissen. So passt ja Rahabs Satz zu ihr.

Aber diesmal ist er eine Lüge. Nicht bloss, weil Rahab die beiden Spione bei sich versteckt hält. Nein, er ist eine Lüge in einem viel tieferen Sinn. Denn wenn Rahab eines zu wissen meint, eines fest zu wissen meint, dann ist es ausgerechnet das: wohin diese Männer gehen. Aus irgendeinem Grund ist ihr klar, dass das Volk dieser Männer ihre Stadt besiegen wird: Dem Sieg entgegen gehen diese Männer. Da kann keine Macht dagegen stehen, auch die dicken Mauern Jerichos nicht. Der Tag wird kommen, da dieses fremde Volk die Stadt erobern wird. Das weiss Rahab, und deshalb weiss sie genau, wohin diese Männer gehen: dem Sieg entgegen. Rahab ist wenig eingebunden in die Gesellschaft ihrer Stadt; deshalb handelt sie mit einer eigenen Gewissenlosigkeit. Sie setzt mit grosser Selbstverständlichkeit auf das, was kommt, und sichert sich ihren Platz in der Zukunft, die Gegenwart kümmert sie nicht.

Das ist es, was die Menschen des Neuen Testamentes fasziniert hat an Rahab: Sie setzt mit grosser Selbstverständlichkeit auf das, was kommt, und sichert sich ihren Platz in der Zukunft. Es klingt fast etwas nach vom Schalk Jesu, der gern durchaus zweifelhafte Beispiele brauchte, um etwas von seiner Wahrheit aufblitzen zu lassen: Nehmt euch ein Beispiel an dieser Rahab, macht es wie die Dirne, gewissenlos eurer Stadt gegenüber, ganz der Zukunft verpflichtet!

Das klingt nicht gerade moralisch, ich weiss. Rahab war ja auch nicht gerade eine moralische Frau. Aber es bringt eine eigene Kraft ins Leben, die erfrischend ist und uns – in so vieles eingebundenen – Menschen gut tun könnte. Ich will das zu erklären versuchen.

Es könnte ja sein, dass einige von uns bei all den Fragen nach dem Wohin unserer Welt eine sehr tiefe Überzeugung haben. Sie sind überzeugt, dass einmal Christus kommen wird mit seinen guten Engeln und dass er sein Reich aufbauen wird in dieser Welt. Wie sie zu dieser Überzeugung gelangt sind, ist schwer zu sagen: Aber jetzt ist sie da und sie bestimmt die Erwartung der Zukunft. Christus wird kommen und mit ihm die guten Engel und die ganze Welt wird unter seiner Herrschaft stehen.

Das wäre das eine, die Erwartung der Zukunft. Diese Menschen unter uns wüssten genau, wohin wir gehen: Christus entgegen. Nun leben wir aber alle auch in unserer Gegenwart, in unserem Jericho eben. Und da sind wir Verbindungen eingegangen, haben Rücksichten zu nehmen, haben Kompromisse geschlossen und haben uns ganz schön eingerichtet, unabhängig von unserer Zukunft. Auch eine recht grosse Mauer haben wir gebaut, rund um unsere Sicherheit herum, damit wir nicht allzu sehr belästigt werden durch das, was draussen geschieht. Soweit das geht, halten wir es fern und möchten auch nicht zu sehr über die Mauer hinaus denken. So leben wir, mit uns selbst vernetzt, in unserem Jericho.

Bisweilen aber tauchen Boten auf, gleichsam hergeschickt aus der Zukunft, Künder einer andern Wahrheit. Sind es Engel, sind es von Christus ergriffene Menschen, sind es Zeugen einer künftigen Liebe? Wie auch immer: Bisweilen blitzt die Zukunft auf in unserm Jericho. – Und jetzt? Sind wir so eingebunden in unser Netz, dass wir diesen Boten möglichst schnell den Abschied geben, ja dass wir sie gar nicht erst empfangen? Oder verfolgen wir sie gar, weil sie unsere Ordnung, unsere eingemauerte Ordnung gefährden könnten?

Ich stelle mir vor, dass jene unter uns, die so fest überzeugt sind vom Kommen Christi, in grosser Unabhängigkeit solchen Boten Raum geben. Sie fühlen sich nicht der Gegenwart verpflichtet, sie wollen mithelfen, der Zukunft Bahn zu brechen. Nicht die Wahrung der jetzigen Ordnung ist ihr Ziel, sondern die neue Gerechtigkeit, die mit Christus kommt.

Diese Menschen haben eine irritierende Unabhängigkeit ihrer Gegenwart gegenüber. Sie kollaborieren mit der Zukunft und manchmal tricksen sie die Gegenwart aus dabei. Kein Wunder, dass darunter vor allem solche Menschen sind, die ohnehin nur lose eingebunden sind in ihr Jericho. Wer allzu vernetzt ist, wird Mühe haben, sich ganz auf die Zukunft einzulassen. Wer sich Güter in Jericho gesammelt hat, sehnt sich wenig nach dem neuen Reich.

Die Dirne Rahab stellte sich ganz auf die Zukunft ein und verriet dabei ihre Gegenwart. Die rote Schnur war ihr Sicherheit genug, dass sie auf die richtige Seite gesetzt hatte.

Etwas davon wünschte ich mir für uns, etwas von dieser unverschämten Gewissheit auf die Zukunft hin, etwas von dieser inneren Gewissenlosigkeit den Bindungen der Gegenwart gegenüber. Es täte gut, hier und dort eine rote Schnur hängen zu sehen – unabhängig vom Parteibuch. Rahab ist im Hebräerbrief für ihren Glauben gelobt worden und als Beispiel des Glaubens ist sie die Ahnmutter von Christus geworden.

Und jetzt, da die Boten von Gottes Reich wieder im Kommen sind, jetzt im Advent wird sich zeigen, ob wir ihnen Raum geben in unserer Welt, auch wenn es manchen nicht passen will. Lassen wir uns bestimmen durch das, was einmal kommen soll, und knüpfen wir voll Vertrauen die Schnur an unser Fenster! Amen.

12. *Achsa*

«Gib mir ein Abschiedsgeschenk!»

Josua 15,19

Etwas aufdringlich ist es schon, wie das die junge Achsa macht. Auf dem Ritt weg aus ihrer Heimat hin zu ihrem Mann springt sie von ihrem Esel und bringt so den Einzug zum Halten. Und dem erstaunten Vater erklärt sie, sie wolle von ihm ein Abschiedsgeschenk. Schliesslich habe er sie diesem jungen Helden anvertraut und sie ins Südland entlassen. Mindestens ein Feld, ein guter Acker, müsse drinliegen, eigentlich aber eine ganze Quelle. Was der Vater nicht weiss, ist, dass die junge Frau von ihrem Mann eben dazu aufgefordert worden ist, vom Vater ein Geschenk zu verlangen. Verkehrte Welt: Wenn einer im Morgenland eine Frau heiraten will, hat er dem Brautvater ein Geschenk zu bringen, ein paar Kamele oder so, und nicht umgekehrt. Nun hat ja der junge Mann, Othniel ist sein Name, schon etwas geleistet, eine ganze Stadt erobert für das Volk seines Schwiegervaters. Und dafür hat er auch dessen Tochter bekommen. Aber nun will er noch mehr dazu.

Da steht sie also, die junge Achsa, und hält den ganzen Einzug auf. Ihr Vater nun zeigt sich von der grosszügigen Seite. Nicht bloss einen Acker, nein, zwei Quellen schenkt er seiner Tochter. Denn er sieht, wie schwer es ist, im trockenen Südland ohne Wasserrechte zu leben. Wer Wasser hat, hat Leben. Und er will, dass seine Tochter und ihr Mann leben können. Deshalb schenkt er ihnen das Recht auf zwei seiner Quellen.

Man muss sich schon in diese alte Zeit hineinversetzen können, um zu begreifen, was da auf dem Spiel steht. Wir, die wir einfach den Wasserhahn aufdrehen können und es sprudeln sehen, wissen kaum etwas von solchen Fragen. Und doch taucht auch bei uns bisweilen eine unheimliche Ahnung davon auf, wenn wir hören, wie grosse Konzerne sich in diesen Jahren die Wasserrechte der wichtigsten Mineralquellen sichern. So anders geht es heute nicht zu, wenn auch nicht unter Einzelpersonen, so doch weltweit unter grossen Firmen. Wer das Wasser hat, hat das Leben.

Mich packt aber zunächst einfach das Bild dieser jungen Frau, die mitten im Einzug von ihrem Esel springt, um von ihrem Vater ein Geschenk zu erhalten. Diese Störung im Ablauf hat es mir angetan.

Da reitet sie also zunächst ihrer Bestimmung entgegen, einem Schicksal, das sie sich nicht selbst gewählt hat. Und sie weiss, dass es nicht einfach leicht sein wird. Vom Haus des Vaters zieht sie weg, hinaus in die Welt zusammen mit ihrem Mann. Viele ziehen mit, um sie zu begleiten für die ersten Tage, und der Esel trottet brav auf dem Weg, der vorgezeichnet ist. Wie wird es gehen, was kommt auf mich zu, reichen die Kräfte? Oh, manch eine von uns reitet auf einem Esel, der sie in eine Zukunft trägt, von der sie nicht weiss, was sie ihr bringt. Und nicht jede ist begleitet von einem starken Mann. Manche reiten auch allein ihrer Zukunft entgegen, und bisweilen fürchten sie, es gehe auf ein trockenes Land zu. Aber der trottende Esel lässt sich nicht anhalten, er geht und geht.

Achsa springt von ihrem Esel. Für einen Moment entzieht sie sich dem Trott und hält inne. Das weckt Erstaunen, was will sie, was ist los? Ein Abschiedsgeschenk will sie. Ohne Geschenk geht es nicht weiter, nicht weiter in ihre ungewisse Zukunft.

Es ist ein schönes Wort im hebräischen Text, das hier für «Abschiedsgeschenk» steht. Es ist dasselbe Wort, das sonst mit «Segen» übersetzt wird. Einen Segen will sie, deshalb springt sie vom Esel. Ohne Segen will sie nicht weiterziehen. «Ich lasse dich nicht, du segnest mich denn!», so könnte sie zu ihrem Vater sagen.

Wer spürte das nicht, was es ausmacht, mit einem Segen oder ohne Segen unterwegs zu sein in eine neue Zukunft! Es lohnte sich, vom Esel zu springen, anzuhalten, um sich zu vergewissern, ob es immer noch gilt für mich: «von guten Mächten wunderbar geborgen erwarten wir getrost, was kommen mag». Der Rücken des Esels reicht nicht, um mich zu tragen; es braucht die guten Mächte des Segens.

Mir gefällt die Vorstellung, dass ein jedes Abschiedsgeschenk eigentlich nichts anderes ist als ein Segen. Beschenkt voneinander gehen, das heisst: gesegnet weiterziehen. Wenn dann Wegstrecken kommen, die durch dürres Land gehen, wenn es schwierig wird, dann tut eine Quelle gut, eine Quelle der Liebe, ein Segen aus vergangenen Tagen – wie der Proviant, den man von daheim mitgebracht hat.

Achsa wird sich wieder auf ihren Esel gesetzt haben und weiter geritten sein. Ihr Mann, Othniel, hatte Grund, stolz auf sie zu sein. Eine gesegnete Frau hatte er an seiner Seite. Das verdankte er seinem grossherzigen Schwiegervater, der wollte, dass sie beide leben konnten, und seiner Frau das gute Abschiedsgeschenk gegeben hatte. Es sollte sich auszahlen. Othniel wurde stark und selbstbewusst. Später rettete er sein Volk vor den Feinden und sein Wort galt im ganzen Land. Er war der erste der Richter und Achsa stand ihm zur Seite. Das Abschiedsgeschenk hatte seinen Segen entwickelt.

Kehren wir noch einmal zurück zum Wort für dieses Geschenk. Mit «Segen» werde es sonst übersetzt im Deutschen, sagte ich. Und auch dieses deutsche Wort hat seine Geschichte. «Segnen» heisst ursprünglich «mit einem Zeichen, einem Signum versehen». Klar ist, welches Zeichen gemeint war: das Kreuz. Menschen, über denen das Zeichen des Kreuzes gemacht wurde, waren die Gezeichneten, gleichsam die Signierten, die Gesegneten.

So spannt sich ein Bogen von dieser alten Geschichte bis hin ins Neue Testament. Denn so sehen es die Menschen des Neuen Testamentes: Wo immer ein Mensch gesegnet wird, steht er unter dem Zeichen des Kreuzes. Es wird zu einer Quelle besonderer Art.

Denn der Esel, der uns trägt, trottet nur zu oft in trockenes Land. Es geht Schwierigem entgegen, Versagen und Schuld liegen am Weg. Aber da ist ein Geschenk, das wir mitbekommen haben, eine Quelle besonderer Art: Vergebung heisst sie und Versöhnung, sie trägt das Zeichen des Kreuzes.

Es mag sein, dass wir viel zu lange schon dahertrotten, dem Südland entgegen, und dass wir uns darüber kaum mehr Gedanken machen, ob wir auch ausgerüstet sind für das, was uns erwartet. Dann wäre es an der Zeit, einmal vom Esel zu springen und sich hinzustellen vor den Vater, der hinter uns ist, und ihn um sein Geschenk zu bitten, um eine Quelle für die kommenden Zeiten. – Können wir spüren, dass er das Zeichen des Kreuzes macht über uns: Vergebung soll gelten und Versöhnung, wo immer wir auch hinkommen. – So wollen wir uns denn getrost wieder auf den Esel setzen und frohgemut weiter reiten. Amen.

13. *Debora*

«Auf! Denn dies ist der Tag, da der
Herr den Sisera in deine Hand gegeben
hat.»

Richter 4,14

Debora war eine erstaunliche Frau. In einer von Män-
nern bestimmten Welt ergriff sie das Wort. Und man
hörte auf sie. Man hörte auf sie, wenn sie unter der
Palme sass und Recht sprach. Ihr Wort half weiter, wo
Menschen sich in Streitigkeiten verwickelt hatten, ihr
Wort half, wo endlich entschieden werden musste, wer
Recht hatte. Debora sprach mit Autorität; man spürte
eine Kraft in ihr, die von Gott stammen musste.

Debora sprach auch, wenn sie nicht gefragt wurde. Sie
sprach, wenn sie spürte, dass Gott es von ihr wollte. Sie
lebte in einer bedrohten Zeit. Ihr Volk fühlte sich nicht
sicher im Land. Da war ein Kriegsmann, der sich ein
Arsenal schrecklicher Waffen zusammengestellt hatte.
900 eiserne Wagen soll er sich gebaut haben, bedrohli-
ches Kriegsmaterial, von dem man nicht wissen konnte,
für welch schrecklichen Einsatz es bereitstand. Und der
Kriegsmann war kein Freund des Volkes von Debora. Von
ihm war nichts Gutes zu erwarten. Sisera war sein Name
und der stand für Schrecken und Bedrohung.

Doch die Männer des Volkes schauten tatenlos zu.
Sie kuschten und liessen sich bedrängen von der blan-
ken Macht. Zwar klagten und jammerten sie, aber keiner getraute sich, aufzustehen gegen den fremden
Herrn. Noch konnte gesät und geerntet werden, noch
konnte man leben. Aber Debora misstraute dem Zu-

stand und sie verstand die Schlaffheit der Männer nicht. Da ergriff sie das Wort, ungefragt, aber gedrängt von dem Gott, an den sie glaubte.

Sie sprach zu Barak, was so viel wie «Blitz» heisst, zu diesem Blitz-Jungen sprach sie und gebot ihm, mit 10 000 Mann gegen Sisera zu ziehen. «Gott will es so», sagt sie. Die Bedrohung soll ein Ende haben. Und Barak, der Mann, traut sich kaum. Wie soll er wissen, dass das Unternehmen gelingen wird? Reichen 10 000 Mann gegen 900 eiserne Wagen? «Gott will es», sagt die erstaunliche Debora. «Ich wag's, wenn du mitgehst!», meint der zaudernde Barak – und die Frau zieht mit. Sie ist sich ihrer Sache sicher, denn sie weiss Gott auf ihrer Seite.

Und dann kam der Tag der Schlacht. Wieder ergriff Debora das Wort: «Auf! Denn dies ist der Tag, da der Herr den Sisera in deine Hand gegeben hat.» Von dieser erstaunlichen Frau kam das Kommando zum Angriff; sie sprach es im Namen Gottes. Und Barak, der Blitz, folgte ihr und mit ihm alle 10 000 Mann. Da gerieten die 900 eisernen Wagen in ein Durcheinander und der schreckliche Kriegsmann Sisera verlor all sein Volk, das ganze Heer wurde erschlagen. – Und Deboras Volk hatte Ruhe, vierzig Jahre lang.

So erzählte man sich die Geschichte eines Krieges. Spätere Generationen ergötzten sich daran und freuten sich, wie Gott ihnen durch schwierige Zeiten geholfen hatte. Wer aber in unseren, wer in diesen Tagen eine solche Geschichte liest, kann sich kaum daran ergötzen. Am liebsten verdrängte man sie, um an anderes zu denken. Aber für ein Land, das sich christlich nennt, gehört diese Geschichte dazu; sie steht in seinem heiligen Buch. So wollen wir ihr standhalten und die Schatten aufzeigen, die sich daraus ergeben.

Ein Erstes: Manchmal in diesen Tagen, wenn man die harten Gesichter der Krieg führenden Männer am Bildschirm sieht, mag man überlegen: Was wäre, wenn Frauen das Sagen hätten, wenn Mütter die Entscheidungen träfen? Debora war eine Frau, und gerade sie trieb die mutlos gewordenen Männer zum Krieg und man nannte sie später «Mutter des Volkes».

Ein Zweites: Deboras Geschichte steht nicht im Koran. Wer Geschichten sucht, in denen heilige Kriege geführt werden, in denen Gott die Ausrottung aller Gegner befiehlt, in denen List und Mord im Namen Gottes den Gegner bezwingen, wer solches sucht, wird in der Bibel fündig, im heiligen Buch unserer so friedliebenden Religion. Und fündig wird er nicht bloss in diesem Kapitel, sondern auf vielen, auf allzu vielen Seiten dieses Buches. Sollte ein Moslem vom Heiligen Krieg sprechen, dann müsste ein Christ wissen, wo er dies gelernt hat. Und beide, Muslime und Christen, müssten lernen, mit ihren eigenen Schatten umzugehen.

Ein Drittes: Wenn ein Staatsmann seinem Volk erklärt, dass sein Krieg eine Mission Gottes sei, dann ist das nicht eine neue Erfindung. Es ist alte biblische Tradition, und es wird schwer sein, mit der Bibel gegen eine solche Einstellung zu argumentieren. Eigenmächtig angezettelte Kriege, übermütige, auf eigene Stärke vertrauende Kriegsbeschlüsse werden in der Bibel durchweg verurteilt. Wenn Kriege geführt werden sollen, dann nur im Namen Gottes. Und im Namen Gottes werden unzählige Kriege geführt im heiligen Buch der Bibel.

Ein Viertes: Erbarmen mit den Opfern des Gegners kennt die Bibel nicht. Ohne Erschrecken, ja bisweilen gar mit Genugtuung und Spott wird vom Tod der Feinde berichtet. Das einzelne Leben scheint kaum zu zählen, wichtig ist bloss der Fortbestand des eigenen Volkes. Krieg, Tod, Sterben ist so normal wie das Gefressenwerden unter Raubtieren – bei dem es keinem in den Sinn käme, von Schuld zu sprechen.

Ein Fünftes: Die Frage, ob ein Krieg gerecht sei, hat die Bibel nie interessiert. Nur das war wichtig, dass Gott selbst den Krieg wollte. Dass Gott sich einsetzte für das eigene Volk, davon war das sich auserwählt fühlende Volk zutiefst überzeugt. Was Gott wollte, das sagten die Propheten. Und die Heerführer hielten sich ihre Propheten und die Propheten hielten sich ihre Heerführer.

Das, liebe Gemeinde, sind Schatten unserer Tradition. Es ist wichtig, darum zu wissen. Wer in diesen Tagen gegen den Krieg antritt, hat nicht einfach die Bibel auf seiner Seite. Er mag seinen Glauben auf seiner Seite haben, aber der ist entstanden durch manches, was erst viel später, später auch als zur Zeit des Neuen Testamentes aufgebrochen ist. Skepsis gegenüber der Überzeugung zu wissen, was Gottes Wille sei, Erbarmen mit dem einzelnen Opfer beim Gegner und in der eigenen Reihe, Widerwille gegen einen im Namen Gottes geführten Krieg, Abscheu gegen heilige Kriege: All das ist erst viel später entstanden, es sind Früchte der letzten Jahrhunderte. – Weshalb sollten Menschen nicht auch später noch lernen dürfen? Weshalb sollten sie nicht auch im Glauben über die Bibel hinaus lernen dürfen?

Und Debora und ihre Geschichte? Ist sie nur noch als Schatten zu gebrauchen? In diesen Tagen: ja. Es mag sein, dass eine Zeit kommt, da wir den Krieg wieder vergessen können. Eine Zeit, da die alten Kriegsgeschichten zu Symbolen werden wie die Märchen. Wo Deboras munterer Ruf zur inneren Stimme wird: «Auf!

Nun nimm deine Kraft zusammen und geh ans Werk, Gott geht längst schon voran, und ich begleite dich.» Oh möchte doch die Zeit bald kommen, in der wir diese Geschichten so lesen können! Amen.

14. Jiftachs Tochter

«Mein Vater, hast du deinen Mund
dem Herrn gegenüber aufgetan, so tue
mir, wie du es ausgesprochen hast!»

Richter 11,36

Das ist eine tragische Geschichte, und tragische Geschichten gibt es zuhauf. Da will keiner etwas Böses, alle wollen nur das Beste und am Schluss vollzieht sich ein grausames Schicksal.

Tragische Geschichten sind meist unselige Verstrickungen. Man rutscht hinein in das Unglück und weiss nicht mehr, wie hinaus. Oft beginnen sie so leicht und fröhlich, die tragischen Geschichten, und plötzlich hat es einen erwischt und man ist mitten drin im Elend. Hier, bei Jiftach, hat ein allzu schnelles Mundwerk die verhängnisvolle Rolle gespielt. Er brauchte Gottes Hilfe bei einem Krieg, denn er merkte wohl, dass seine Leute in der Minderheit waren. Er wollte im Voraus Gott etwas versprechen für dessen Hilfe. Was bei seiner siegreichen Heimkehr aus dem Hause ihm zuerst entgegenkäme, sollte Gott geopfert werden, so versprach er in seiner Not und dachte nicht weit.

Erst als dann die eigene Tochter es war, das geliebte Kind, die als erste ihm entgegenlief, merkte er, wie voreilig er gewesen war. Aber es war zu spät: versprochen war versprochen.

Nicht immer geht es um Leben und Tod in den tragischen Geschichten. Um Geld und Schulden geht es bisweilen, um Treue und Verletzung, um Ehrlichkeit und Lüge, um Gerechtigkeit und Unterdrückung. Und meist fängt es harmlos an und dann steckt man im Sumpf.

Es ist nicht schön, die Figur in einer tragischen Geschichte zu sein, schon gar nicht, wenn man die Rolle des Opfers zu spielen hat. Denn das macht ja meist die Tragik aus, dass das Opfer selbst keine Schuld hat. Und trotzdem leidet es unter der fatalen Verstrickung am meisten.

Nun gibt es ja auch die Helden in den tragischen Geschichten, die tragischen Helden. Ohne Auflehnung tragen sie das Verhängnis, das das Schicksal über sie hereinbrechen lässt. Oft tragen sie die Folgen einer Schuld, für die sie nichts können. Und vielfach sind es Frauen, die die Heldinnen solch tragischer Geschichten sind.

Aber man täusche sich nicht: Auch Männer können solch tragische Helden sein. Und manchmal scheint mir, ein jeder sich opfernde Soldat sei nichts anderes als ein tragischer Held. Er kämpft in einem Krieg, den er nicht selbst gewollt hat, er trägt sein Los wie ein Schicksal und opfert sich in einem Kampf, der wie ein Verhängnis über ihn hereingebrochen ist.

Jiftachs Tochter ist solch eine Heldin, ein Opfer der losen Zunge ihres Vaters. Mit keinem Wort tadelt sie ihn, keinen Moment lang will sie sich dem Verhängnis ganz entziehen, nur um etwas Zeit bittet sie. Um die Zeit des Trauerns. Aber dann ist sie bereit für ihr Opfer. «Mein Vater, hast du deinen Mund dem Herrn gegenüber aufgetan, so tue mir, wie du es ausgesprochen hast.»

Ich möchte nicht wissen, wie viele solcher und ähnlicher Sätze auf der ganzen Welt gesagt werden, ich möchte nicht wissen, wie viele solcher tragischer Helden und Heldinnen es gibt.

Israel hat mit Ehrfurcht von Jiftach und seiner Tochter berichtet. Es wusste, dass mit Gott nicht zu spassen ist, und es hatte ein Gefühl dafür, dass Sieg und Erfolg oft eine unheimliche Schattenseite haben.

Es hat sich eingebürgert, dass man Gedenktage feiert für die tragischen Helden, für die Opfer der Kriege. Man tut es vielleicht, um einen Teil der Schuld mitzutragen, um nicht zu vergessen. Jiftachs Tochter ist nicht vergessen gegangen. Man hat auch ihrer immer wieder gedacht.

Soweit, liebe Gemeinde, die Geschichte im Buch der Richter. Soweit auch viele Geschichten in unserer Welt. Aber ich kann es dabei nicht bewenden lassen. Mir ist, als befände ich mich im falschen Film, als wäre alles ein böser Traum.

Kennen Sie das Gefühl beim Träumen, dass man sich hinausstrampeln möchte aus einer Schreckensgeschichte? Man spürt irgendwie, dass alles sich zu einem entsetzlichen Ende verdichtet, man möchte hinaus aus dieser Verstrickung – und dann, tatsächlich: Man wacht auf, erschöpft, und stellt fest, dass alles ein Traum war, bloss ein Traum. Und man atmet auf.

So geht es mir bei solchen Geschichten. Ich möchte hinaus, erwachen und hören, dass alles gar nicht so war. Oder ich möchte von aussen in diese Geschichte hinein schreien: Jiftach, Jiftach, das ist nicht Gott, der dies von dir verlangt. Nur ein Teufel kann so etwas wollen. Und zur Tochter möchte ich schreien: Lass es dir nicht gefallen, wehre dich und behalte dein Leben. Da ist kein Gott, der deinen Tod will, keiner, der dein Opfer braucht.

So laut möchte ich schreien, dass Jiftach und seine Tochter aus ihrem tragischen Traum erwachen und sich ihres Lebens freuen.

Das ist ja nicht so schwer bei einer Geschichte aus längst vergangener Zeit, und es leuchtet ein. Das Beste wäre gar, die Geschichte auf die Seite zu legen als Beispiel irregeleiteter Frömmigkeit, von dem wir nichts mehr wissen wollen.

Das Schwierige ist nur, dass unsere Welt immer noch voll ist von solch tragischen Geschichten, voll wirklicher Geschichten. Da sollte auch einer kommen und die Menschen wachrütteln. Bei jedem Krieg sollte einer kommen und die Soldaten wachrütteln, bei aller schreienden Ungerechtigkeit in der Wirtschaft sollte einer kommen und manch einen Konzern schütteln. Es gibt der demütigen Opfer viel zu viele. Jiftachs Tochter hat viele Gesichter. Wir können sie nicht einfach auf die Seite legen.

Und das wissen wir leider auch, dass es viel zu oft nicht gelingen wird, aus den schrecklichen Träumen der Wirklichkeit aufzuwachen und aufzuwecken. Aber es erschüttert mich, wie schnell wir uns einfach brav damit abfinden, als ob alles gottgewollt sei.

Die christliche Gemeinde steht in der Nachfolge von einem, der die Menschen aus ihren religiösen Schreckensträumen wecken wollte. Er wollte ihnen einen andern Gott nahe bringen. Darob ist er selbst zum Opfer geworden. Kommen wir aus dem unheilvollen Kreislauf nicht mehr hinaus?

Ich lasse mir die Überzeugung nicht rauben, dass Gott diese tragischen Geschichten nicht will. Ich vertraue auf die Kraft der Auferstehung. Und ich will nicht aufhören, mich selbst zu wecken und andere auch. Einmal muss es doch geschehen, dass Jiftach erwacht und seine Tochter auch. Einmal muss es doch geschehen, dass sie ein Freudenlied zu singen beginnt. Amen.

15. *Delila*

«Siehe, du hast mich betrogen und mir
Lügen vorgeredet. Nun sage mir doch:
Womit kann man dich binden?»

Richter 16,10

Was Delila hier tut, ist schlichtweg gemein. Und wie
Simson, ihr Liebhaber, sich dabei verhält, ist schlichtweg dumm. Wenn Gemeinheit auf Dummheit trifft,
muss es ein Opfer geben. Weil bis heute weder Gemeinheit noch Dummheit ausgestorben sind und es jeden
Tag neue Opfer gibt, lohnt es sich, diese Geschichte
etwas näher zu betrachten.

Da ist also diese raffinierte Frau, die offensichtlich
an dem kräftigen Naturburschen Simson ihre Freude
gefunden hat. Sind es seine Muskeln oder ist es sein
langes Haar, ihr gefällt es, wenn dieser starke Held wie
ein Kind in ihrem Schoss liegt. Da wäre auch nichts dagegen zu sagen. Aber noch mehr Gefallen als an einem
kräftigen Mann hat Delila an einer guten Summe Geldes. Und für genügend Geld verrät sie selbst ihren Liebsten. Lieb redet sie ihm zu, sie lockt und turtelt, sie
schmollt und quengelt; nur eines will sie: wissen, woher Simsons Stärke kommt. Denn für die Preisgabe dieses Geheimnisses wird sie bezahlt. Die ganze Tonpalet-
te menschlicher Stimme missbraucht diese raffinierte
Frau bloss zur Erreichung ihres verräterischen Ziels.

Es ist so gemein, wenn hinter dem Ton unserer Sätze eine
ganz andere Absicht steckt. So gemein, wenn man bloss
lieb ist, um sich einen Vorteil zu ergattern, bloss freund-

lich, um den andern einzulullen. Was wird da an Vertrauen zerstört, wenn so die Sprache missbraucht wird! Tausendmal lieber ein zorniges Wort, das wahr ist, als ein liebendes Wort, das aus falschem Herzen kommt!

Und da ist dieser dumme Simson, der vor lauter Kraft seinen Verstand vergisst. Nicht sofort, o nein! Er weiss genau, dass er verwundbar ist, und weiss auch, dass er sein Geheimnis keinem und auch keiner verraten sollte. Weil er darüber nicht reden will, erfindet er eine kleine Lüge, wie man es eben macht, um vor weiteren Fragen Ruhe zu haben. Was ist schon dabei? Und weil die quengelnde Frau ihn doch nicht in Ruhe lässt, erfindet er noch eine und dann noch eine Lüge. Eigentlich dächte man, ihm müsste langsam aufgegangen sein, dass seine Delila nicht aus Neugier solche Fragen stellt, sondern dass sie ihren Geliebten seinen Feinden ausliefern will. Aber Simson scheint nichts zu merken. Weil er jedes Mal seine Feinde so leicht abschütteln konnte, glaubt er wohl selbst nicht mehr an seine schwache Stelle und gibt sie Delila preis, um endlich, endlich Ruhe zu haben vor der Fragerei. Wahrscheinlich wollte dieser Mann ganz andere Dinge treiben mit einer Frau wie Delila als lange zu diskutieren. So mögen Dummheit und Ungeduld Folge seiner Triebhaftigkeit sein – wie es ja oft vorkommen soll. Es wird schon nichts Schlimmes passieren, denkt sich der Held – und wacht auf als Schwächling. Er hatte verraten, dass seine Stärke im ungeschorenen Haar lag, und Delila hatte ihm, während er schlief, das Haar abschneiden lassen. Und da lag er nun, geschoren, geschwächt, gebunden: ein Opfer weiblicher Tücke. Und dabei ist er wirklich selbst schuld.

So läuft es in dieser Geschichte, und so läuft es nicht selten auf unserer Welt. Aber blicken wir noch etwas näher hin.

Schon immer hat es offenbar Geschichtenerzähler fasziniert, dass auch die stärksten Menschen ihre schwache Stelle haben. Irgendwo ist jeder, auch der Stärkste, verwundbar. Trifft man ihn dort, wo die Kraft herkommt, dann gerät er ins Wanken. Die meisten Menschen haben ein gutes Gespür, wo bei ihnen diese Stelle ist. Und meist verbirgt man sie auch; wer möchte schon, dass die andern darum wissen. Aber es ist eigenartig: Irgendwo und irgendeinmal lockt es auch den Stärksten, sein Geheimnis preiszugeben, am ehesten einer Frau, am ehesten in der Liebe. Sogar die Dummheit kann verlockend sein, als ob man noch einmal spielen müsste um das Geheimnis des eigenen Lebens. Ein bisschen Simson sind wir alle.

Und Delila? – Wenn es sie schon lockt, den kräftigen Körper in ihren Armen zu halten, muss es dann nicht noch viel verlockender sein, um das Geheimnis ihres Mannes zu wissen? Es gibt eine fast erotische Gier, den andern bis in die tiefsten Schwächen zu kennen und auszuloten. Ist das denn nicht das Zeichen grösster Liebe, wenn der andere einem alles, auch sein letztes Geheimnis preisgibt?

Man könnte ja Delilas Satz lesen wie einen Protest einer Frau, der zu wenig Vertrauen entgegengebracht wird. Du kannst mich doch nicht lieb haben und mir gleichzeitig Lügenmärchen auftischen, mich abspeisen mit Unwahrheiten. Und du brauchst doch auch nicht ständig den starken Mann zu spielen vor mir. So sag mir doch, was dich verwundet, sag mir, wo deine schwache Stelle ist, fürchte dich nicht, gib dein Geheimnis preis – unserer Liebe zuliebe.

Ist es denn eine urtümliche Delila-Angst, die so manchen Mann lügen lässt wie Simson, lügen und noch viel mehr einfach schweigen, weil er Angst hat, dass ein einmal preisgegebenes Geheimnis irgendeinmal gegen ihn selbst verwendet wird? – Bin ich mir so sicher, dass der Mensch, dem ich vertraue, nicht plötzlich zur Delila wird?

Simson, in seiner Dummheit, hat sich ausgeliefert, er liess sich binden, gab sein Geheimnis preis und Gottes Kraft wich von ihm. Ja, Gottes Kraft. Das gibt dieser so menschlichen Geschichte eine neue Dimension: dass im ungeschorenen Haar Gott selbst seine Kraft auf Simson fliessen liess – eine Vorstellung, die der heutigen, nun doch eher kurz geschorenen Generation junger Burschen merkwürdig vorkommen muss. Wer aber in früheren Jahren erlebt hat, wie kränkend es für junge Männer sein konnte, wenn sie in der Rekrutenschule ihre Lockenpracht opfern mussten, kann halbwegs verstehen, wie man langes Haar und von Gott geschenkte Kraft zusammenbringen kann.

Wie dem auch sei: Simson musste erleben, wie Gott ihn verlassen hatte; und zum Gespött wurde er im Kreis seiner Feinde ausgestellt. Verraten von seiner Nächsten, gebunden von seinen Feinden, verspottet vor dem Volk und verlassen von Gott!

Man kann diese Geschichte nicht lesen, ohne daran zu denken, wie ein anderer, viele Jahre danach, auch verraten wurde, gebunden, verspottet und verlassen von Gott. Aber Jesus war kein Simson, kein Muskelprotz, der ganze Stadttore ausgehängt hätte. Und dumm war er schon gar nicht. Langes Haar mag er getragen haben, aber die Kraft kam ihm von weiter oben, und er hat die Geschichte Simsons anders gelebt.

Ihm war keine Delila zur Seite gestellt. Von einer Maria Magdalena wird berichtet, vielleicht von derselben, die mit ihrem eigenen Haar seine Füsse trocknete, von der Frau, die ihn nicht verriet, sondern unter dem Kreuz ihre Tränen weinte. Sie spürte: Da starb einer, der die Wahrheit sagte, und sie fühlte sich gebunden an ihn. Nein, eine Delila war sie nicht, jedenfalls jetzt nicht mehr. Amen.

16. *Rut*

> «Wo du hingehst, da will auch ich
> hingehen, und wo du bleibst,
> da bleibe auch ich.»

Rut 1,16

Es gibt Sätze in der Bibel, die lösen sich von ihrem
Ursprung wie eine Frucht vom Baum. Nicht immer fallen sie nicht weit vom Stamm. Man liest sie auf, weiss
kaum mehr, woher sie kommen, und sie entwickeln ihre
eigene Kraft. Wer kennte ihn nicht, diesen schönen Satz
einer treuen Verbundenheit, der so oft als Trauvers
dient und eines der vielen geflügelten Worte der Bibel
geworden ist. Keine Frucht also, sondern ein geflügel-
tes Samenkorn, das da- und dorthin verweht wird, wie
der Wind es will?

Und nun fällt es uns in den Schoss am Morgen eines
ersten Augusts. Da merkt man denn, wie sehr dieser
Satz seine eigene Melodie zum Thema «Heimat» singt.
Sehen wir also zu, wohin uns der Satz führen wird,
sehen wir zu am Morgen, bevor am Abend die heimat-
verbundenen Reden an den brennenden Feuern gehalten werden.

Da bindet ein Mensch sein Leben an das eines andern.
Da, wo der andere Mensch ist, und nur da, ist meine
Heimat. Diesmal ist es nicht der vertraute Baum, der
liebliche See, nicht die Sprache der Mutter und auch
nicht die bekannte Umgebung der Jugend, es ist nicht
das freie Land und auch nicht der Reichtum der Möglichkeiten, es ist bloss dieser bestimmte andere Mensch,

von dem ich nicht lassen will. Er allein lässt Heimat entstehen: «Wo du hingehst, da will auch ich hingehen, und wo du bleibst, da bleibe auch ich.»

Da mag man von Verwurzelung reden, von der Kraft der heimatlichen Scholle – aber die Liebe scheint stärker als sie. Die Bindung an einen Menschen lässt Wurzeln sich lösen, lässt einen Vertrautes verlassen; die Liebe schafft neue Heimat, neue Wurzeln, neue Vertrautheit. Kein Wunder ist Ruts Satz zu einem Grund-Satz der Trauung geworden.

Aber vielleicht lohnt sich doch ein Blick auf den Baum, von dem diese Frucht gefallen ist. Ruts Mann war gestorben, ihm konnte sie diesen Satz nicht mehr sagen. Er galt seiner Mutter; dieser Satz innigster Verbundenheit ist ein Satz zwischen Schwiegertochter und Schwiegermutter. Neben all den bösen Sätzen über solche Beziehungen ist es wohltuend, einmal diesen zu hören.

Und – wohlgemerkt – es ist ein Satz einer Ausländerin, der Satz einer moabitischen Frau, die im Begriffe steht, mit ihrer Schwiegermutter in deren Heimat zu gehen. Ein Satz einer Immigrantin sozusagen. Dieser Heimat stiftende Ursatz ist dem einheimischen Volk von einer Fremden vorgesagt worden.

Das Ganze hat zudem seine Geschichte. Die alte Schwiegermutter hatte seinerzeit ihre Heimat verlassen, weil sie Hunger hatte, nicht aus politischen, sondern – wie es heute heisst – aus wirtschaftlichen Gründen. Die Einheimische hatte ihr Land verlassen und in der Fremde Nahrung gefunden. Klingt da noch eine andere Melodie herein? Daheim bin ich dort, wo ich genug zu essen bekomme? Und die Fremden liessen es zu, nahmen Frau und Mann und die beiden Söhne auf; man lebte nicht getrennt vom fremden Volk, die Söhne heirateten Frauen aus dem Gastland. Das war die Geschichte einer umgekehrten Heimat. Das alles war, bevor nun die Fremde ins Land ihrer Schwiegermutter kommt.

Und das alles hat auch seine Zukunft. Die fremde Rut kommt nach Betlehem im Lande Juda. Und eigenartig spielt das Schicksal: Die Ausländerin wird zur Stammmutter des Königshauses, ihr Urenkel ist der jüdische König David. In wem hätte das auf seine Nationalität so stolze jüdische Volk sich besser abgebildet sehen können als im herrlichen König David und dessen prächtigem Sohn Salomo, wo war es mehr bei sich daheim als unter diesen Herrschern – den Nachkommen einer Ausländerin... Das müsste den Heimatbesessenen zu denken geben.

Manchmal tut ein Blick gut auf den Baum, von dem die Frucht stammt. Aber lassen wir uns nun vom geflügelten Wort weiter tragen. So wie der Satz zum Grundsatz der Liebe wurde zwischen Mann und Frau, so ist er auch zu einem Satz der Beziehung zwischen Gott und Mensch geworden. Deshalb vor allem hat er seinen Platz in der Kirche.

Dorthin zu gehen, wohin Gott mich führt, und dort zu bleiben, wo mein Gott verweilt, das könnte wohl Beschreibung der Frömmigkeit sein. Beides gibt es: hingehen und bleiben. Jeder Mensch kennt Zeiten des Aufbruchs, da er Kräfte spürt, die ihn fortziehen, die ihn seinen Platz wechseln, sich verändern heissen. Und seit je ist der christliche Gott ein Gott des Aufbrechens gewesen, einer, der sein Volk hinausführt, der seinen Erwählten in die Fremde führt. Es gibt ein getreues Folgen, ein Gespür dafür, dass meine Heimat dort ist, wohin Gott mich ruft, und nicht dort, wo ich längst meine Wurzeln geschlagen habe. Unser Gott ist nicht im Erdboden, auch nicht in der hohen Eiche; er ruft uns, hinaus, hinweg, hinauf.

Aber auch bleiben kann Zeichen der Verbundenheit mit Gott sein. Denn Gott ist nicht ein Gott der Flucht. Er kann mich bleiben heissen, ausharren, auch dort, wo ich Bitteres ansehen, wo ich mich dem Leid stellen muss. Wo eine Gewissheit reift, dass Gott mich an einen bestimmten Ort hingestellt hat, da bleibe ich auch. Und sollte mir zweifelhaft sein, ob ein solcher Ort wirklich mir zur Heimat werden kann, dann lohnte sich die Frage, ob nicht Gott allein meine Heimat ist und kein Ort auf dieser Welt. Einmal werde ich die Welt verlassen, spätestens dann müsste ich wissen, dass auch die Schweiz nicht der Himmel ist.

«Wo du hingehst, da will auch ich hingehen, und wo du bleibst, da bleibe auch ich.» So möchte der fromme Mensch zu seinem Gott sagen, so sagt er es zu seinem Herrn, dem Christus. – Hören wir es auch, wenn umgekehrt Gott uns diesen Satz sagt? Es wäre so unendlich viel Trost in einem solchen Wort, zugesprochen von Gott: Wo du auch immer hingehst, du vorwitziger, ruheloser Mensch, ich begleite dich, und gingest du zuäusserst ans Meer, hinauf auf den höchsten Berg oder hinab ins tiefste Tal, ich bin bei dir. Und wo du bleibst und nicht mehr vorwärts kommst, wo du in der Not steckst, im Krankenbett, in den Fängen des Todes, da bleibe auch ich, nahe bei dir.

Ja, Gott spricht so, denn er will seine Heimat bei uns Menschen finden, in unserer Not und in unserer Freude. Er hat Ruts Satz zu seinem eigenen gemacht, der treue Gott. Amen.

17. Naemi

«Wie steht's, meine Tochter?»

Rut 3,16

Ach, es ist nicht immer leicht, Mutter zu sein. Sohn und Tochter sind grösser geworden und verschwiegener auch. Das Mutterherz spürt manches; es freut sich, wenn es der Tochter gut geht, und es leidet, wenn es spürt, dass irgendetwas nicht stimmt. Früher, da fragte man das Kind einfach, und dieses redete auch, erzählte, wie es stand und was los war. Aber jetzt ist es schwieriger geworden. Die Mutter wüsste so gern mehr, und doch traut sie sich immer weniger zu fragen. Denn sie hat nicht vergessen, wie das Kind unwirsch wurde und zu verstehen gab, dass es nun gross sei und keine Mutter mehr wolle, die über jede Herzensfalte Bescheid wissen müsse.

Soll sie fragen, soll sie nicht fragen, die arme Mutter? Tut sie es, ist sie wieder zu neugierig, tut sie es nicht, dann vergewaltigt sie ihr eigenes Herz. Wie schön war doch die Zeit, als das Kind einfach kam und sich ihr mit allem anvertraute!

«Wie steht's, meine Tochter?» So fragt Naemi. Sie fragt ohne Scheu, direkt drauflos, sobald sie ihr Kind sieht. Dabei ist es gar nicht ihr Kind; Rut, die Schwiegertochter ist es, eine verwitwete, junge Frau. Vielleicht sind solche Fragen tatsächlich leichter bei der Schwiegertochter als beim eigenen Kind. «Wie steht's, meine Tochter?» Das ist die Urfrage so manch eines Mutterherzens. Sie ist da, tief drin, oft ausgesprochen, oft aber auch zurückgehalten, mit Macht zurückgehalten aus Angst, zu neugierig zu sein, der Tochter zu nahe zu treten. Man denke: der eigenen Tochter zu nahe zu treten...

«Wie steht's, meine Tochter?» – Manchmal wünschte ich mir eine Welt, in der alle Mütter ohne Scheu sich wieder getrauten, so zu fragen. Haben sie nicht ein Recht darauf, haben sie nicht unendlich viel getan, damit ihr Kind überhaupt leben und gehen und stehen kann? Und nun sollen sie nicht wissen dürfen, wie es ihm geht, auch im Herzen geht? Weshalb denn reagieren so viele Kinder so empfindlich darauf, dass die Mütter alles wissen wollen? Sind sie denn alle ein Leben lang damit beschäftigt, selbständig zu werden? Müssen sie immer wieder ihre Unabhängigkeit demonstrieren, sobald die Mutter ihren Mund aufmacht?

Oder wollen die Mütter zu viel? Können sie ihr Kind nicht einen eigenen Weg gehen lassen, müssen sie immer dareinreden und werten und mahnen? Haben die Mütter noch nicht zur Kenntnis genommen, dass ihr Kind gross geworden ist und eigene Wege geht? Kommt deshalb jede Frage in den falschen Hals? – Ich weiss es nicht. Nur leid tut es mir, dass oft so viel verstellt ist und die Herzen nicht mehr direkt aussprechen können, was sie bedrückt.

Von all den Geschichten des eigenen Kindes ist es immer wieder die Geschichte seiner Liebe, seiner Ehe und seiner Familie, die die Mutter bewegt. Sie will das Glück ihres Kindes. Und wenn das Kind dafür blind ist, dann kann manche Mutter fast nicht davon lassen, das Glück des Kindes selbst in die Hand zu nehmen. Nur ein bisschen mit-lenken, mit-steuern, ein Hinweis hier, ein Rat dort. Schliesslich hat man doch Erfahrung und ist älter, und das Kind ist noch so ahnungslos. Wie kann man als Mutter ruhig zusehen, wie das eigene Kind in sein Verderben rennt oder wie es blind an seinem Glück vorbeigeht!

Naemi, die Schwiegermutter, hatte da keine Hemmungen. Sie hatte sich einen klugen Plan ausgedacht, wie die verwitwete Frau doch noch zu ihrem Mann käme; und wär's auch ein alter, so wär's doch ein guter und die Zukunft der Schwiegertochter wäre gesichert. Nicht manche Tochter hätte sich einen solchen Rat gefallen lassen. Rut aber tat genau, wie ihre Schwiegermutter ihr geraten hatte.

Ich weiss nicht, ob ich als Mann gern eine Frau hätte, die ihrer Mutter so hörig ist. He, Rut, hast du denn keinen eigenen Willen? – Vielleicht ist es, weil sie als Ausländerin unbeholfen war im Land Israel; jemand musste ihr auf die Spur helfen, ihr sagen, wie es hier zu- und herging, was Sitte und was Recht war. Und sie war nicht zu stolz, solchen Rat anzunehmen. Hübsch war sie ja und fleissig auch, von ihrer Schwiegermutter bezog sie die Klugheit.

Wer weiss denn, wie viele Männer Opfer sind eines klug ausgeheckten Plans von Frauen, von Müttern und ihren Töchtern. Und nicht jeder Plan bringt den Mann zu Schaden, manchmal hilft er, seine Schwerfälligkeit und seine Begriffsstutzigkeit zu überwinden. Frauen sollen in diesem Geschäft raffiniert sein.

Jedenfalls hat sich Boas, der Mann, gefreut, als beim Schlafen plötzlich die hübsche Rut zu seinen Füssen lag. Und jetzt, bei dieser Nähe und zu dieser Nachtzeit, muss es gefunkt haben. Jedenfalls wusste er nun, dass er diese Frau heiraten wollte.

Wenn denn eine Mutter schon einen solchen Plan ausheckt, dann will sie natürlich als Erste wissen, ob er auch funktioniert hat: «Wie steht's, meine Tochter?» Das ist die Frage der einen Verschworenen an die andere: «Wie steht's, ging's auf?» Ja, solche Verschwörung zwischen Mutter und Tochter gibt's eben auch, und da werden die Männer machtlos. Die Frauen wissen sich wohl zu wehren. – Und Rut erzählt und Naemi ist's zufrieden. Alles nimmt seinen besten Lauf.

Vielleicht schaut man fast etwas neidisch auf dieses herrliche Gespann, auf die alte Frau, die nicht mehr für sich, aber für die nächste Generation noch alles in die Hand nimmt und plant, und auf die junge Frau, die so gekonnt und echt durchführt, was ihr geraten worden ist, und dabei ihr Glück macht.

Es ist wirklich so recht eine Geschichte zum Muttertag. Eines Schmunzelns kann man sich nicht erwehren. Ist es denn auch eine Predigtgeschichte, mehr als bloss eine Menschengeschichte?

Irgendwie schon, denn sie ist nicht umsonst in die Bibel gewandert. Was die kluge Naemi ausgeheckt hatte, war folgenreich. Rut wurde durch die List der Naemi zur Ahnfrau eines königlichen Geschlechtes. Ihr Urenkel war der strahlende König David, und das war nun ganz und gar Gottes Geschichte. Es stand wirklich gut mit Rut, und Naemi durfte voll und ganz zufrieden sein: Urgrossmutter eines Königs!

Es ist eine menschliche Geschichte, die Geschichte und der Plan Naemis. Aber Gott verwendet all die menschlichen Geschichten und macht seine grosse Geschichte daraus. Da hat auch die planende und fragende Naemi ihren Platz. Auch dort, wo ein Mensch, und sei es eine alte Frau, die Sache in die Hand nimmt, auch da handelt Gott.

Und manchmal will mir scheinen, ich hörte seine Stimme fragen: «Wie steht's, meine Tochter; wie steht's, mein Sohn?» Neugierig müsste er nicht sein, er weiss ja, wie es steht. Aber vielleicht gebe ich ihm einmal Antwort. Ich lasse mir nicht ausreden, dass er sich interessiert für seine Tochter und für seinen Sohn. Und er hält seine Fragen nicht im Herzen zurück. «Wie steht's, meine Tochter?», so fragt er – mit jedem Sonnenstrahl, mit jedem Regentropfen. Besorgt und ermunternd fragt er. Wer weiss, vielleicht hat er auch etwas ausgeheckt für mich. Es muss nicht gleich «Urgrossmutter eines Königs» sein. Es reicht, wenn ich drin bin in der Geschichte Gottes mit uns Menschen. Denn dann steht es gut. Nicht wahr, mein Gott? Amen.

18. Die Frauen um Naemi

«Er wird dich erquicken und dein Alter
versorgen.»

Rut 4,15

Es ist ein überaus freundlicher Lichtstrahl, der vom
Ende des kleinen Buchs Rut durch die ganze Bibel leuchtet. Er tut uns gut; so soll er auch in diesen ersten Ad-
ventssonntag hineinleuchten.

«Er wird dich erquicken.» – Schon das ist ein herrlicher Satz, auch dann, wenn ich nicht wüsste, wer da
spricht, wer «er» ist und wer «dich». Erquicken – das
tönt so lebendig, so tröstlich. Es ist, als bekäme die Seele Flügel, als schmunzelte das Herz. Erquicken – das
führt zu einem kecken Gemüt, zu einem quicklebendi-
gen Geist, da stellt sich eine Kraft her im Innersten, die
den Trübsinn und den Nebel vertreibt.

Fast hätte ich überhört, dass ja erst von der Zukunft
die Rede ist: Er «wird» dich erquicken. Noch nicht jetzt,
aber bald einmal. Aber was soll's: die Aussicht ist so
gut, dass ich mir jetzt schon erquickt vorkomme. Wer
das weiss, dass das Licht kommt, wandert nicht mehr
in der Finsternis, auch wenn es finster wäre um ihn herum. «Er wird dich erquicken»: Der Satz allein schon
bringt Kraft mit sich und leuchtet in die Herzen derer,
die ihn hören.

Zu wem wird denn dieser Satz gesagt? – Zu einer alten
Frau, zu Naemi, die ein gerüttelt Mass an Leiden und
Verzweiflung erfahren hat. Ihren Mann hatte sie verlo-
ren und ihre beiden Söhne, noch ehe sich Enkelkinder

meldeten. Sie wusste, was Hunger war, und sie wusste, was es hiess, auszuwandern und wieder zurückzukehren. Leidgeprüft war Naemi, die Bittere nannte sie sich – und ihr gilt dieser Satz. Sie, die alte Frau, soll erquickt werden, sie soll die lebendige Seele spüren bis ins Innerste.

Wenn der erquickende Satz aber auch in unser Herz hineinleuchtet, dann wird Naemi nicht böse sein. Sie ist unsere Schwester auf den leidvollen Strecken unseres Weges, unsere Schwester in den bitteren Tagen; wie sollte sie uns Erquickung nicht gönnen?

Wer ist es nun, der da erquicken wird? – Es ist das kleine Kind, das eben auf die Welt gekommen ist. Naemis Schwiegertochter hatte auf wunderbare Weise einen neuen Mann gefunden, und jetzt hat sie einem Kind das Leben geschenkt. Und Naemi nimmt das Kind wie einen Enkel; sie herzt es und pflegt es.

Ein kleines Kind im Arm halten: das ist wie ein Versprechen auf die Zukunft hin. Der alte Mensch umfasst den jungen, über eine, zwei Generationen hinweg. Er drückt ihn ans Herz und spürt das neue Leben. Alles wird weitergehen, wird kraftvoll weitergehen, auch wenn die äusserliche Kraft zu schwinden beginnt. Und es ist, als spürte die Grossmutter in ihrem Herzen selbst die jugendliche Kraft. Die Bitternis weicht, das Leben ist nicht verloren, es ist geboren aufs Neue.

Jetzt schon erquickt das kleine Kind die alte Frau. Es kann noch nicht einstehen für sie, ihr noch nicht zu Hilfe kommen, sie weder stützen noch tragen. Im Gegenteil, es ist auf ihre Hilfe angewiesen. Und doch stützt es ihre Seele, erheitert ihr Herz und belebt ihr Gemüt. Das Wunder einer neuen Geburt.

Sollen wir jetzt, da der erquickende Grund zutage liegt, eifersüchtig daneben stehen? Nicht jede hat ein

Enkelkind, das sie herzen könnte. Nicht jeder ist eingebunden in die Kette der Generationen. Glückliche Naemi – und ich?

«Er wird dich erquicken.» Wer ist es denn, der diesen Satz sagt? – Frauen sind es, wohl ältere Frauen, die sich freuen. Nicht sie haben ein Enkelkind bekommen. Aber sie haben Anteil genommen am Schicksal dieser ausgewanderten und wieder heimgekehrten Naemi; sie haben getrauert mit ihr und nun freuen sie sich mit ihr. Sie preisen Gott für das Glück, das er ihrer Naemi beschert hat. Im Preisen sind sie selbst glücklich.

Das ist es, was mich besonders berührt: dass die Quelle dieses erquickenden Satzes gar nicht bei der Beschenkten liegt, sondern bei den mit ihr sich Freuenden. Gleichsam selbstlos stimmen sie den Lobpreis an und stellen sich so selbst in den Fluss von Gottes heilendem Handeln. Wie viel grösser, wie unendlich viel grösser wäre die Freude der Menschen, wenn sie sich mitfreuen könnten mit andern, sich von Herzen mitfreuen, statt scheel zu blicken. Und wie das die Freude Naemis erst recht zum Strahlen bringt: zu spüren, dass die Freundinnen sich von Herzen für sie freuen.

Es braucht keiner daneben zu stehen. Mitfreuen kann sich ein jeder. Frauen versammelt um Naemi waren es damals. Menschen versammelt um Naemis Geschichte sind wir heute. Und es fehlt nicht an älteren Frauen unter uns. Einstimmen und mitschwingen, selbstlos sich freuen können wenige wie sie.

Die Frauen sind da, Naemi ist da mit ihrer Geschichte, doch wo ist das Kind? Von seinem Kommen redet die Kirche in diesen Wochen. Dabei meint sie nicht das Knäblein, das Naemi zu ihrem Enkel machte. Die Kirche verbindet Naemis Geschichte mit der Kette der folgenden Generationen. Sie denkt an den Enkel von Naemis Enkel, den grossen König David, und sie denkt weiter, Generation um Generation, bis sie in dieser Kette zum Kind der Maria kommt, dessen Kommen sie Jahr für Jahr feiert.

«Er wird dich erquicken.» So könnten die Engel den Hirten singen, so könnte es die greise Prophetin Hanna ihrem Volk sagen. Da kommt ein Erlöser zur Welt, der die Mühseligen und Beladenen zu sich ruft und sie erquicken will. Er kommt und schenkt Leben den Ermatteten.

Soll man das Kindlein herzen, wie es Naemi mit ihrem Enkel getan hat? Oder so, wie es der alte Simeon in Jerusalems Tempel tat? Bei diesem Kind scheuen wir uns, es einfach ans Herz zu drücken. Und es macht uns Mühe, wenn Weihnachten allzu lieblich werden will. Denn wir wissen zu viel über das Weihnachtskind. Wir kennen den Weg, den es geht. Wir wissen um den Preis und um die Tiefe, die sein erquickendes Wort durchmisst. Es macht nicht Halt vor Finsternis und Dunkelheit, nicht Halt vor Bitternis und Tod. Und schliesslich wird es so sein: Christus wird dich erquicken. –

«...und dein Alter versorgen», murmeln die Alten. So war es doch, so hatten es die Frauen der Naemi gesagt: das neugeborene Kind werde Naemis Alter versorgen. Da wuchs einer heran, der sorgen würde für sie, auf den sie sich stützen könnte, der sie nicht stehen liesse. So brauchte die älter werdende Frau keine Angst zu haben vor der Zeit der Schwäche, vor den Tagen, da sie selbst sich nicht mehr versorgen könnte.

Darüber freuten sich die andern Frauen. Wir, wir mögen uns freuen, dass wir weitere Wege gefunden haben, den Alten die Sorgen zu mindern: Versicherung und Pension, Siedlungen, Heime und Spitäler. Aber oft bleibt ein Sorgen der Seele, ein Sorgen, das über das Sterben hinaus sich kümmert.

Auch hier will dich einer erquicken. Er versorgt auch dein Alter und trägt dich, auch wenn du stirbst. Denn längst ist er kein kleines Kind mehr, er ist den Weg gegangen – durchs Leben, durch den Tod, hin zum Vater. Von daher leuchtet das Licht, das uns erquickt. Amen.

19. *Hanna*

«Der Mensch vermag nichts aus
eigener Kraft.»

1. Samuel 2,9

Da erklingt sie wieder, diese fromme Stimme des Mies-
machens aller menschlichen Leistung und Kraft. O Hanna, weisst du denn nicht, welch ungeahnte Kräfte in
jedem Menschen schlummern, kennst du die Freude nicht
über alles, was aus eigener Kraft gelingt, kennst du den
Stolz nicht auf das, was die eigenen Hände mit Fleiss zustande bringen? Warum diese Demut? Heb deinen Kopf,
geh aufrecht und wag es, deine Kraft zu gebrauchen!

Bevor wir uns dem frommen Satz der Hanna stellen,
haben wir allen Grund, einmal Dank zu sagen für all
das, was an eigenen Kräften in uns steckt. Denken Sie
jetzt nicht mit Neid an die kraftstrotzenden Jungen, die
tanzen und biken und klettern, nicht an die Sportler
und auch nicht an die Geistesriesen und Firmenmana-
ger! Denken Sie an sich! An all das, was Tag für Tag
noch an Kraft von Ihnen ausgeht, bei jedem Schritt, bei
jedem Wort, bei jedem Blick. Wenn schon nur all die
Energie, die aufs Jammern sich richtet, anderem zugute käme: Wie kräftig ständen wir dann da!

Sich auf seine ureigensten Kräfte besinnen, sie einsetzen und darüber sich freuen – und dann dafür danken: Das könnte ein Anfang dieses Tages sein.

O Hanna, was soll da dein Mensch, der nichts vermag aus eigener Kraft? – Haben wir «danken» gesagt?
Danken für die eigene Kraft? Schwingt also doch ein

Wissen mit, dass alle meine Kraft sich einer Quelle verdankt, die nicht von mir gespeist ist? Sonst bliebe es ja beim Stolz und würde nicht zum Dank. Sollte Hanna an eine Wahrheit erinnern: dass jede Kraft nicht eigene Kraft, sondern geschenkte Kraft ist? Der Mensch vermag viel, mehr, viel mehr als er jammernd meint, aber seine Kraft, seine stolze Kraft erhält er als Geschenk. Deshalb macht es Sinn zu danken.

Hanna, du bist eine Frau. Spürst du es darum besonders deutlich, wenn das Wissen um die Quelle der Kraft verloren geht? Wie stolz können sich Herren der Welt gebärden, wie rücksichtslos die Herren des Geldes, wie brutal die Herren der Waffen! Hanna, dir ist dein Gott deine Kraft. Und wievielen Herren ist ihre Kraft ihr Gott! Wenn bloss noch die Kraft gilt, die Macht, das Geld, wenn der Rückbezug fehlt zur Quelle, wenn nur von den Menschen kommt, was von Gott gegeben ist, dann werden aus den gottvergessenen Menschen Unmenschen. Ist es das, was du spürst, Hanna? Unsere Welt hätte allen Grund Busse zu tun, aufzuwachen aus ihrer Gottvergessenheit und ihre Kräfte zurückzubinden an die Quelle, der sie entstammen.

Es klingt eine eigene Gewissheit mit in deinem Lied, Hanna. Dort, wo die Starken der Welt ihre Triumphe feiern, weisst du von einem Stärkeren: Er allein erhöht und erniedrigt. Du lässt dich nicht beirren vom Lauf der Welt: Was hoch sich aufspielt, was glänzend einhergeht, was brutal alles niederschlägt: Das alles ist nichts vor der Kraft deines Gottes. Einmal richtet er die Welt zurecht, einmal vergeht der Spuk der Herren und sein König wird herrschen in Gerechtigkeit.

Hanna, du hast dein Lied gesungen, als du deinen entwöhnten Sohn Samuel dem Priester überbrachtest. Von Gott hattest du dir ein Kind erbeten, für den Dienst an Gott hast du es zurückgebracht. Und da singst du das Lied vom Menschen, der aus eigener Kraft nichts vermag. Die Not hatte dich beten gelehrt, durch das Gebet war dir Kraft erwachsen; und weil du Erbetenes bekommen hattest, warst du auch bereit, es weiterzugeben.

Ist das ein dem Beten eigenes Gesetz? Wer durch das Gebet empfängt, weiss, dass alles nur Gewährtes ist, und leichter öffnet er die Hand, um es weiter-, um es abzugeben.

Wie schrecklich sind doch die Menschen, die alles bei sich behalten, die alles an sich reissen, die sich alles einverleiben wollen. Jeder von uns steht in einer grossen Bewegung: Wir empfangen und wir geben weiter. Jeden Tag und jede Stunde empfangen wir unsere Kraft, und jeden Tag und jede Stunde verbrauchen wir unsere Kraft. Wir geben weiter, was wir empfangen. So ist es, als ob durch uns die Kraft flösse, die von Gott her kommt und in die Welt sich ergiesst.

Es ist ein eindringliches Bild: Der Mensch, der dankt, weil er spürt, wie Gott ihn mit seiner Kraft erfüllt. Der Mensch, der Busse tut, weil er sich bewusst wird, wie schnell er die Quelle der Kraft vergisst. Und der Mensch, der betet, damit er weitergeben kann, was er von Gott bekommt.

Hanna, du bist einer andern Mutter zum Vorbild geworden, einer, die wohl wusste, was sie von Gott empfangen hatte, einer, die schmerzlich wieder hingeben musste, was sie empfangen hatte, einer, deren Sohn die

Gottvergessenheit der Welt auf sich genommen hatte. Du, Hanna, brachtest deinen Sohn ins Heiligtum, damit er einst Könige dieser Welt salbe. Die andere Mutter sah, wie ihr Sohn zum König einer andern Welt gesalbt wurde.

Es ist dieselbe Kraft, die seit Urzeiten fliesst, durch dich, Hanna, zu all den Königen, durch die andere Mutter, und durch deren Sohn hin bis zu uns und durch uns hin in alle Welt. Amen.

20. *Abigail*

> «Auf mir allein, o Herr, liegt die
> Schuld!»
>
> *1. Samuel 25,24*

Eine kluge Frau hat schon manch einen unbedachten
Mann vor Unheil bewahrt. Abigail war eine kluge Frau.
Wie es ihr allerdings geschehen konnte, dass sie den
törichten Nabal zum Manne bekam, das weiss man
nicht. Nicht jede kluge Frau heiratet einen besonnenen
Mann. Nabal war töricht und ungehobelt, aber er war
reich. Und er freute sich an der Schönheit seiner Frau.
Er war einer jener Reichgewordenen, deren Herz mit
dem Reichtum steinerner wird. Sein Credo war simpel:
Wer es zu etwas bringen will, soll arbeiten, geschenkt
gibt es nichts. Und er liess seine Knechte arbeiten.

Es war während der Schur-Zeit. Die Knechte scho-
ren die dreitausend Schafe und die Wolle häufte sich.
Es war ein Bild des Segens, Grund zum Dank. Wo
Segen fliesst, wo Überfluss ist, da müsste doch auch
etwas überfliessen in die Hände derer, die weniger
gesegnet sind. So denkt man. Aber Nabal dachte nicht
so: Was er erwirtschaftet hatte, gehörte ihm, ihm allein.
Er hasste es, wenn andere kamen wie die Fliegen und
auch einen Happen von seinem Überfluss wollten. Sollten sie doch selbst ihre Schafe züchten!

David war anderer Meinung. Er war zwar stark,
aber er war in Ungnade gefallen beim König. So irrte
er umher mit einer Horde ihm ergebener Krieger und
war gefürchtet wie ein Räuberhauptmann. Nabals
Knechte hatte er in Ruhe gelassen, ja sie gar beschützt

gegen andere Räuber. Nun aber dachte er, das sei doch ein Geschenk aus dem Überfluss wert. Schliesslich brauchte er Nahrung für seine Leute. Also schickte er zu Nabal und liess höflich um einen Anteil bitten.

Da kam er aber an den Falschen. Da könne ja jeder hergelaufene Verbrecher kommen und vom Reichtum der Tüchtigen schmarotzen. Unverschämt sei das. – Davids Leute bekamen eine tüchtige Abfuhr, wie sie offensichtlich nicht nur tüchtige, erfolgreiche Schweizer erteilen können.

Mag sein, dass uns Nabals konsequente Haltung Eindruck macht. Er hatte ja nicht um Davids Schutz gebeten, der Segen gehörte ihm allein. Das konnte ihm keiner streitig machen. Mag sein, dass Nabal in seiner Entschiedenheit mutig war. Aber er war dumm. Er hatte nicht begriffen, dass sein Reichtum sich nicht allein seiner Arbeit verdankte. Dass er Glück hatte mit seinen Schafen, war noch ganz anderem zu verdanken, nicht zuletzt eben auch der Schonung durch Davids Leute. Es ist nun einmal einfach nicht klug, sich die ganze Welt zum Feind zu machen und schon gar nicht einen starken David.

Mutig war David auch und gekränkt dazu. Diese Abfuhr wollte er nicht auf sich sitzen lassen, sein Gesicht wollte er nicht verlieren. Also sann er auf schreckliche Rache; gegen seine Krieger hatte der reiche Nabal keine Chance.

Ach, es ist verheerend, wenn reiche Dummheit und gekränkte Stärke aneinander geraten. Da wird guter Rat teuer. Die Welt der Männer hat sich wieder einmal in ihre Ausweglosigkeit verstrickt. Ein Muster, das bis zum heutigen Tag die Politik bestimmt.

Und jetzt kommt die kluge, schöne Abigail. Sie hat sofort verstanden, wohin die Sturheit der beiden Männer führt. Sie schaut nicht lamentierend passiv zu, sondern mit Fantasie sucht sie die Rettung für sich und ihre Leute. Sie hat kein Gesicht zu verlieren, sondern Leben zu retten. Also packt sie auf Esel, was sie David schenken kann: Brote und Wein, Schafbraten und geröstetes Getreide, Rosinen und Feigenkuchen. So zieht sie dem aufgebrachten David entgegen.

Und wie begrüsst sie den zur Rache entschlossenen Kriegsmann? Sie wirft sich auf den Boden und sagt als erstes: «Auf mir allein, o Herr, liegt die Schuld!» Sie spielt das Spiel der beiden aufgeplusterten Hähne nicht mit. Wo die beiden ihren Hals recken, senkt sie ihren Kopf, wo der Stolz sich verrennt, vertraut sie der Demut.

Oder soll man sagen: Sie spielt das Spiel mit, klug spielt sie es mit, sie gibt dem Stolz das, was er braucht, sie heilt die Kränkung mit Unterwürfigkeit. So wird der Stolz gesättigt und braucht kein Opfer mehr.

Was ist es bloss für eine bodenlose Dummheit, dass die Menschen ihre Köpfe immer höher recken, je mehr sie sich in Streit und Kränkung verwickeln? Bodenlos – statt dass einer einmal seinen Kopf zu Boden neigte und sagte: «Auf mir liegt Schuld!» Wer sein Gesicht nicht verlieren will, wird es nie zum Boden neigen. Dafür verliert er sein Leben und setzt das manch anderer aufs Spiel.

Abigail nahm die Schuld auf sich, die ganze Schuld. Sie hätte gewusst, wie man Davids Knechten hätte antworten müssen, aber sie hatte sie nicht gesehen. Deshalb fühlte sie sich schuldig. – Oder tat sie nur so, dem Spiel zuliebe? Das mag ja sein, aber sie neigte ihr Gesicht zur Erde, und das tat sie wirklich, nicht bloss zum Schein.

David, der erzürnte Krieger, begann zuzuhören und begann zu schauen. Da redete eine nicht die Sprache der Gewalt, sondern eine Sprache wie aus einer andern Welt. Er gebot seinen Kriegern Halt und hörte zu. Denn Abigail hatte noch mehr zu sagen. Denn sie war klug. «David, du willst selbst dein Rächer sein? Du, mit dem Gott noch Grosses vorhat, willst dich an die Stelle Gottes setzen? Es ist Gottes Sache, Unrecht zu rächen, nicht die deine. Wie willst du einmal vor Gott treten, wenn du eigenmächtig das Schwert geführt hast? Sei froh, wenn ich dir Einhalt gebiete und dich bewahre vor einem Unrecht deinem Gott gegenüber. David, du bist ein Knecht Gottes, aber du bist nicht Gott selbst!»

So redete die kluge Abigail, und es waren mutige Worte. Nein, diese Frau hatte ihr Gesicht nicht zur Erde geneigt aus Angst und Feigheit. So kann nur eine Frau sprechen, die vor Menschen keine Angst hat, weil sie weiss, dass Gott allein die Macht gebührt. – Manchmal sehne ich mich nach solch mutigen Worten. Unsere Welt brauchte sie.

Und David, dessen Ohr und dessen Herz offen waren, hörte auf die Worte der Frau. Sie tat ihm gut, diese kluge und schöne Frau. Sie bewahrte ihn vor der Eigenmächtigkeit seiner Männlichkeit. Sie rettete Leben.

Es sollte nicht schwer sein für uns, das heilsame Einwirken dieser Frau zu verstehen. Es sollte nicht schwer sein für eine christliche Gemeinde, die nicht müde wird, davon zu reden, dass viele Jahre später ein Nachfahre jenes vor Eigenmächtigkeit bewahrten Davids auch sein Haupt neigte und alle Schuld auf sich nahm, um Leben zu retten. – Leben zu retten, das so verloren schien in der Verstrickung zwischen stolzen Menschen und einem allzu männlich gedachten Gott. Abigail war eine

Vorbotin unseres eigenen Glaubens. Sollten das die christlichen Herren der Welt vergessen haben?

David brauchte sich nicht zu rächen. Gott tat es für ihn, und der törichte Nabal starb. Abigail aber wurde Davids Frau; er hatte erfahren, wie gut sie ihm tat. Amen.

21. Die Totenbeschwörerin in Endor

«Iss, damit du bei Kräften bist, wenn du
deine Strasse ziehst!»

1. Samuel 28,22

Wir tauchen da mit dem verunsicherten König Saul in
eine merkwürdige Welt ein. Keiner kann ihm recht ra-
ten, die Propheten wissen nichts von Gott zu berichten
und sein Herz zweifelt. Eine Schlacht steht bevor, und
er weiss nicht, ob es gut gehen wird, ob er seine Leute
fordern oder ob er sie schonen soll, und er weiss schon
gar nicht, wie es mit ihm selbst ausgehen wird. Die
Sicherheit, die diesen übergrossen König so lange begleitet hatte, ist verschwunden: Sorgen und Fragen,
Zweifel und Angst haben sich seiner bemächtigt.

Wenn die üblichen Wege zu keiner Lösung führen,
begibt sich der Mensch auf seltsame Pfade. Es gibt so
viel Zwielichtiges, nicht ganz Anerkanntes, was Heilung und Lösung verspricht. Zwar hatte der König Saul,
als es ihm gut ging, solche Pfade verboten; umso mehr
pflegte man sie im Verborgenen. Und jetzt, da der König selbst am Ende seiner Weisheit war, suchte er das
Verborgene auf, um dort eine Antwort zu bekommen.
Armer, verunsicherter König!

Er geniert sich, will nicht erkannt werden. Und mit
zwei Knechten geht er verkleidet zu jener speziellen
Frau in Endor. Tote könne sie befragen, und von einem
Toten will Saul sich einen Rat holen, vom verstorbenen
Samuel, der zu seinen Lebzeiten so oft dem König bei-
gestanden hatte.

Die Bibel hat wenig übrig für solche Praktiken. Nicht etwa, weil sie als Humbug gelten, im Gegenteil. Mit keinem Wort wird bezweifelt, dass diese Frau wirklich den Geist Samuels beschwören kann. Aber diese ganze merkwürdige Welt soll keine Kraft entwickeln, denn sie stände der Kraft Gottes entgegen. Wer da seinen Fuss hineinsetzt, ist in Gefahr, im Halbdunkel stecken zu bleiben. Saul hatte recht daran getan, solches zu verbieten.

Umso erstaunlicher ist es, mit welcher Wärme diese Begegnung im Düsteren geschildert wird. Der unglückliche König Saul bekommt keinen guten Bescheid vom gerufenen Geist, und der Länge nach fällt er hin, der entkräftete und entgeisterte grosse König. Man liest und erlebt das nicht ohne Betroffenheit. Und jetzt, was tut diese Totenbeschwörerin, diese Frau, die so oft Hexe genannt wird? Was tut sie, die von den Ängsten der Leute lebt und Praktiken treibt, die so zweifelhaft sind? Was tut diese Frau aus dem zwielichtigen Milieu?

Sie erbarmt sich des Königs, dem sie so schlechten Bescheid hat geben müssen, und sie sorgt sich um ihn. Da ist mitten in dieser traurigen, düsteren Geschichte ein warmer Lichtstrahl, der gut tut; ein besorgter Satz dieser Frau, die einfach ihr Herz sprechen lässt: «Iss, damit du bei Kräften bist, wenn du deine Strasse ziehst!»

Mitten in dieser Welt des Halbdunkels lebt da eine Frau, die sich um ihren geschlagenen König kümmert, um den, der sie doch eigentlich verfolgt hat. Mich rührt das. Und ich muss daran denken, dass oft an unerwarteten Orten solche Strahlen der Liebe leuchten. Nicht bloss dort, wo alles sauber und hell ist, nein, auch im Halbdunkel, mitten im Zwiespältigen.

Und es bleibt nicht beim guten Wort. Die Frau schlachtet ein ganzes Kalb und knetet Teig und backt ein ganzes Brot. Das ist nicht in wenigen Augenblicken getan; es dauert seine Zeit und wir können uns vorstellen, wie der erschöpfte König mit seinen zwei Knechten der Frau zuschaut. Einer kochenden Frau zuschauen: Wie kann das der Seele wohl tun! Da wird geschnitten und umgerührt, gewürzt und versucht, da wird gearbeitet und gewirkt und die Seele weiss: Was herauskommt, ist für mich bestimmt. Kochen kann ein Erweis der Liebe sein, der nicht nur den Körper, sondern auch die dürstende Seele erquickt. – Und all das in der düsteren Kammer einer zwielichtigen Frau.

Trotz ihrer Verbindung zur Unterwelt hat diese Frau dem König keinen Segen mitgeben können. Sie wusste, dass sie Saul ohne Segen Gottes ziehen lassen musste. Das konnte sie nicht ändern. Aber ihr Herz ertrug das nicht. So gab sie, was sie von sich aus geben konnte, und sie gab reichlich. Das ganze gemästete Kalb und das Brot. Kraft wollte sie schenken, ein bisschen Kraft für den Weg ohne Segen. Wenn Gott schon ihren König fallen gelassen hatte, wollte sie ihn aber doch nicht fallen lassen. Denn er bedurfte ihrer liebenden Fürsorge.

Wenn ich denn schon das Schicksal nicht ändern kann, dann will ich wenigstens mit meinen menschlichen Mitteln helfen, etwas Kraft zu schenken. Wo Gott sich versagt, da tritt eine sündige Frau auf und tut ein Werk der Liebe. Das ist es, was mich an dieser Geschichte ergreift.

«Iss, damit du bei Kräften bist, wenn du deine Strasse ziehst!» Eine Strasse wird er ziehen, die schwer ist. Da ist von einem guten Schicksal nichts zu spüren, es ist ein Weg des Todes, den der einst so gefeierte König Saul zieht. Aber er ist gestärkt durch die Frau, die sich seiner erbarmte. Er hat gegessen und getrunken und zieht nun seinem Schicksal entgegen.

Lassen wir ihn ziehen und halten selbst etwas inne. Mir ist, als hätte ich in dieser Geschichte Jesu Stimme gehört. Nicht dort, wo aus der Frau der tote Geist zu reden begann; nein, dort, wo das Herz der Frau zu sprechen anfing. Wie hätte Jesus schöner einladen können zu seinem Abendmahl als so: «Iss und trink, damit du bei Kräften bist, wenn du deine Strasse ziehst!»? Hat er nicht selbst immer wieder im Düsteren und Zwielichtigen sein Herz sprechen lassen? Hat er sich nicht gekümmert um die Menschen, die sich vom Schicksal als nicht gesegnet empfanden? Hat er nicht den Schuldigen Kraft gegeben, Kraft, damit sie ihre Strasse ziehen konnten?

Eines ist aber anders bei Jesus als bei dieser Frau in Endor. Er war überzeugt, Gott ganz auf seiner Seite zu haben. Er schenkte die Kraft im Namen Gottes denen, die von Gott verlassen waren. Den Gottverlassenen schenkte er Gott. So mussten die Menschen lernen, anders von Gott zu denken. Nicht das Glück in der Schlacht noch der Erfolg im Leben entscheiden über die Nähe Gottes. Es ist die Kraft, mit der einer seine Strasse zieht, die innere Kraft, die ihn Gott spüren lässt auf der Strasse seines Lebens – und sei es eine Strasse des Leidens.

Denn Jesus war überzeugt, dass am Ende einer solchen Strasse sein Vater wartete, der seine Kinder nicht verloren gehen lassen kann. Deshalb rief er die Erschöpften zu sich; er rief sie mitten auf ihrem Weg: Kommt her zu mir alle, die ihr mühselig und beladen seid, und esst, damit ihr bei Kräften seid, wenn ihr eure Strasse zieht! Amen.

22. Michal

«Wie würdig hat sich heute der König
Israels benommen, da er sich heute
vor den Mägden seiner Knechte
entblösst hat, wie nur gemeine Leute
sich entblössen!»

2. Samuel 6,20

O weh, der König hat getanzt, halb nackt getanzt vor
dem ganzen Volk. Wie kann er auch! Man stelle sich
vor, Queen Elizabeth hätte sich beim Thronjubiläum
ihrer schönen Robe entäussert und wäre leicht ge-
schürzt umhergehüpft. Nein, das nicht in Grossbritan-
nien! – Michal, des Königs Frau, wusste noch, was sich
für einen Hof geziemte, und sie schämte sich für ihren
König, der so sich gehen liess. Skandal am Königshof,
Peinlichkeit auf höchster Etage.

Und weshalb das Ganze? – Weil der König die Bun-
deslade nach seiner Stadt Jerusalem brachte. In dieser
ehrwürdigen Truhe waren die Tafeln des Gesetzes ver-
wahrt, von ihr ging eine geheimnisvolle Gegenwart
Gottes aus; es war, als wäre Gott inmitten der Menschen. Und da hat der König getanzt und die Mägde
seiner Knechte haben gejubelt.

Wo blieb denn da die Würde des Ehrfurcht gebie-
tenden Gottes? Wo die Besonderheit des Gottes Israels,
der nicht wie die Götter der umliegenden Länder im
Rausch verehrt sein wollte? Hatte denn der König den
Verstand verloren, dass er sich so gehenlassen konnte?

Gemein hatte sich der König gemacht, sich ange-
biedert auf unterster Ebene, vielleicht war er gar zum

Gespött geworden mit seinen nackten Beinen vor den ausgelassenen Frauen. War denn Fastnacht eingekehrt im Städtchen Jerusalem?

Michal, selbst eines Königs Tochter, stand am Fenster und schaute dem Treiben zu. Und sie traute ihren Augen nicht. Ihr Gatte, ihr königlicher Gatte in solcher Aufmachung und mit solchen Verrenkungen der Glieder! Ah, man merkte eben doch, dass er vor ein paar Jahren noch Schafhirte gewesen war. Die Vergangenheit hatte ihn eingeholt, noch war es ihm nicht im Blut, König zu sein. Keine Stilsicherheit, kein Gefühl für die rechte Form, kein Gespür für die rechte Distanz zum Volk. Wie konnte man so König sein?

Die Frau am Fenster. – Aus dem Rahmen guckt sie zu und sieht, wie ihr Mann aus dem Rahmen fällt. Aus der Distanz schaut sie zu, nicht drin im Umzug, nicht unter den Pauken und Trompeten, nicht dort, wo die Lade ist, sondern aus sicherer Distanz. Es gebührt sich nicht für die Frau des Königs, sich ins Getümmel zu stürzen, sich anstecken zu lassen von der Ausgelassenheit des Volkes. Am Fenster macht sie sich ihre Gedanken zum Treiben der Welt, am Fenster urteilt sie über ihren Gatten.

Oh, das ist ein Ort, der vielen gefällt: das Fenster. Man steht so sicher, mit dem eigenen Zimmer im Hintergrund. Und man schaut, ohne wirklich dabei zu sein. Man schaut aus sicherer Perspektive, von oben, aus dem Rahmen. Da lässt sich gut urteilen, da lässt sich gut den Kopf schütteln. Ach, diese Fenstergucker, wie oft sind sie Besserwisser, versteift in ihrem Rahmen stehend, wenn die Welt zu tanzen beginnt. Zuschauer sind sie allesamt, die es nicht lassen können, der tanzenden Welt zu sagen, was sich nicht gehört. Fein nehmen sie sich aus dem Geschehen heraus, denn mit dem Gemeinen wollen sie nichts zu tun haben.

David, der König, kommt heim nach dem Fest, verschwitzt und erschöpft, glücklich und erfüllt, kommt heim, um zu erzählen, was er erlebt hat. Und er kommt in eine andere Welt, in die Welt des Rahmens. Was ihm kindliche Freude gemacht hat, erntet den Spott seiner Frau: «Wie würdig hat sich heute der König Israels benommen, da er sich heute vor den Mägden seiner Knechte entblösst hat, wie nur gemeine Leute sich entblössen!»

Er hat – in seiner Begeisterung – gegen die Etikette verstossen und mit böser Ironie wird ihm das mitgeteilt – von seiner Frau, die noch weiss, was sich schickt. Armer König, gefangen im strengen Rahmen, im Korsett des Schicklichen.

Würdig war doch der Gott, dessen Lade man nach Jerusalem brachte. Und David war dieses würdigen Gottes würdiger König. Also musste etwas von der Würde Gottes auch von Davids Erscheinung und seinem Verhalten ausgehen. So jedenfalls sah es seine Frau. Man kann nicht im Namen Gottes König sein und sich dann gehenlassen.

Kein Zweifel: Die Menschen sprechen an auf solche Würde. Schöne Gewänder, gute Kleider, feierliches Gehabe machen Eindruck. Sei es bei Königen, bei Bankdirektoren oder bei kirchlichen Würdenträgern. Würden-Träger: Das Wort spricht Bände. Irgendwie abgehoben sind sie alle, weg vom gemeinen Volk, in höheren Sphären sich bewegend, teilhaftig der Macht, des Reichtums, der Ewigkeit.

An solcher Würde wollte Michal, des Königs würdige Frau, festhalten. Sie wollte keinen Schafhirten als

Mann. Schliesslich war sie eines Königs Tochter. Es mag sein, dass sie vergessen hatte, dass ihr Vater auch einmal hinter dem Pflug hergezogen war: Saul, der Bauernjunge. Die Vergangenheit war ausgelöscht, jetzt, da man an der Spitze war.

Es war keine schöne Szene, mit der Michal ihren verschwitzten Gatten empfing, im Zimmer hinter dem Fenster. Doch des Königs Frau vermochte ihren Gatten nicht zur Vernunft zu bringen. Wie ein kleiner Junge trotzte er. Obwohl er König war, war das Kind in ihm nicht erstickt: «Vor dem Herrn will ich tanzen!», sagte David, «vor dem Herrn will ich tanzen!»

David, der Mensch, hatte etwas gespürt von der ergreifenden Gegenwart Gottes. Da konnte er nicht würdevoll daneben stehen. Es hatte ihn gepackt wie irgendein Menschenkind. Er musste singen und jauchzen, tanzen und springen. Da konnte ihm Michal mit ihrem Getue gestohlen bleiben. Die Lebendigkeit der Erfahrung schert sich nicht um die Würde des gesitteten Rahmens. «Und ich werde mich noch mehr erniedrigen als diesmal und vor dir mich noch verächtlicher machen», sagte der begeisterte König. – Michal muss wohl entgeistert das Zimmer verlassen haben.

So kann es sein, wenn Gott in unsre Nähe kommt. Da zählen nicht Ehre und Stellung, nicht Kleider und Macht. Da ist jeder bloss noch Kind Gottes, tanzendes Kind.

David wird noch oft getanzt und gesungen haben. Und kein Sohn Michals erbte seinen Thron.

Was David, das Kind Gottes, nicht wissen konnte, war, dass in fernen Zeiten einmal einer seiner Nachkommen, auch ein Sohn Gottes, Anlass gab, die Geschichte seines Herrn neu zu erzählen: dass Gott selbst sich erniedrigt hatte, nackt und bloss in der Krippe lag, um ganz nahe bei den Menschen zu sein, in ihrer Kälte, in ihrem Schmerz, in ihrer Schuld, in ihrem Tod. Hat Gott selbst zu tanzen begonnen, zur Freude aller Mägde, Michal zum Trotz? – Amen.

23. Zwei Dirnen

«Ach Herr, gebt ihr das lebende Kind,
nur tötet es nicht!» – «Es sei weder
mein noch dein; schneidet zu!»

1. Könige 3,26

Der überaus kluge König Salomo möge uns verzeihen,
dass diesmal nicht sein weiser Urteilsspruch im Mittel-
punkt der Predigt steht. Nein, es sind die beiden Sätze
der Frauen, die uns interessieren, der eine von der falschen, der andere von der wahren Mutter.

Dirnen sollen es gewesen sein. Da ist von den Vätern keine Rede; die haben sich längst davongemacht,
auch die Frauen wüssten nicht, wer genau da mitzu-
reden hätte. Zwei Dirnen im selben Haus, und beide
schenken einem Kind das Leben, und der mütterliche
Instinkt ist erwacht: die Sehnsucht nach einem ganz
andern Leben, nach einer tieferen Liebe, die sich nicht
verkauft. Beide hängen an ihrem Kind, das ihnen eine
andere Zukunft verspricht. Beide kennen ihr Kind ganz
genau, aber kein anderer kennte es, kein Vater und kein
Richter.

Da stirbt das eine Kind, erdrückt im Schlaf. Und die
Frauen streiten. Aussage steht gegen Aussage: «Mein
Kind ist das lebende!» – «Nein, das meine lebt noch!»
Und jetzt, da der König den Befehl gibt, das lebende
Kind mit dem Schwert zu teilen und jeder der Frauen
eine Hälfte zu geben, jetzt kommt die Wahrheit an den
Tag. Und es kommt etwas an den Tag, was in uns allen
steckt, so wahr wir alle beides sind: wahre und falsche
Mütter.

«Es sei weder mein noch dein; schneidet zu!» – Das ist der Satz, der die falsche Mutter entlarvt. Es lohnt sich, bei diesem Satz zu verweilen. So unmenschlich er ist, ist er leider doch allzu menschlich.

Diese Mutter ist vom Schicksal getroffen worden. Der Grund ihrer neuen Hoffnung ist tot; das hat sie in keiner Weise gewollt und doch fühlt sie sich schuldig. Sie ist getroffen bis ins Innerste. Im Herzen verletzter Menschen öffnen sich Türen, von denen die Glücklichen wenig Ahnung haben. Es öffnen sich Türen für Verzweiflung und Wut, für Aggression und Kälte. Und andere Türen haben sich plötzlich verschlossen, all die Türen, die Licht und Liebe, Zuversicht und Freude ins eigene Herz kommen lassen. Es kommen die düsteren Gedanken und die bösen dazu, von denen man nicht wusste, dass auch sie nur vor einer Tür gewartet haben. Sie sind bedroht, die vom Schicksal verletzten Herzen. Da wird es schier unerträglich, dass neben einem glückliche Menschen leben, die alles haben, was einem geraubt worden ist. Jedes Lachen, jedes Glück ist wie ein Stachel, der sich in die Seele bohrt. Die Eifersucht hat ihr Opfer gefunden und die Missgunst macht sich breit. Wenn schon mir alles genommen worden ist, dann soll auch die andere nichts haben: «Schneidet zu!»

Sie sind gefeit gegen solche Gefühle? – Ach, ich könnte manch eine Geschichte erzählen, nicht von im Schlaf erdrückten Kindern, aber von verletzten Herzen, die auf nichts mehr sinnen als noch zu zerstören, was andern geblieben ist. Geschichten von Erbschaften wären es, Geschichten von Scheidungen und Kämpfen um Kinder, Geschichten von Arbeitsstellen und Kündigungen. Wer kennte sie nicht und sähe nicht mit Grauen, was da alles zerstört wird. Geld und Kinder, Arbeit und Stelle werden zum Prestigeobjekt. Und immer ist es die eigene Verletzung, die gepflegt wird, als käme man aus dem Kreisen um sich selbst nicht mehr heraus. – Nein, keiner ist davor gefeit, dass plötzlich die Türen für Verzweiflung, Neid und Missgunst sich öffnen.

Das ist die falsche Mutter, die aus der Verletzung heraus nur noch besitzen oder zerstören will. Wenn schon das Schicksal mit mir so ungerecht ist, dann sollen es die andern nicht besser haben; so schaffe ich mir meine eigene Gerechtigkeit. Es ist eine Gerechtigkeit, die über Leichen geht. Die verletzte Mutter, eine selbsternannte Richterin, die es nicht mehr wohl meinen kann, nicht mit andern – und zuletzt auch mit sich selbst nicht mehr.

«Ach Herr, gebt ihr das lebende Kind, nur tötet es nicht!» – Das ist der Satz, der die wahre Mutter verrät. Wir wollen hoffen, dass davon viel mehr in uns selber steckt.

Diese Mutter hat es leichter. Sie weiss, dass ihr Kind lebt. Sie wird von keinem Schuldgefühl geplagt, und das Schicksal hat sie nicht geschlagen. So hat sie die Türen ihres Herzens aufgetan zu anderen hin und auch zu ihrem Kind hin. Sie freut sich über ihr Kind und hängt an ihm. Aber sie hat nicht vergessen, dass nicht das Kind für sie, sondern sie für das Kind da ist. Wenn alles gut geht, gehen die Wünsche des Kindes und ihre eigenen Hand in Hand. Sie schenkt dem Kind Geborgenheit und Wärme, Nahrung und Halt, und das Kind schenkt ihr Freude und Sinn, Liebe und Nähe.

Aber jetzt geht es nicht gut. Das Kind ist bedroht, sein Leben nur gesichert, wenn die Mutter es loslässt. Jetzt treten all ihre eigenen Wünsche zurück, alle Ansprüche und auch die Frage nach der Gerechtigkeit. Sie verzichtet auf das Kind, weil es nur so weiterleben kann. Das ist die wahre Mutter, die dem Kind zuliebe auf das Kind verzichten kann. Sie freut sich am Gedeihen ihres Kindes auch dann, wenn sie selbst nicht mehr mit im Spiel ist.

Ein solch klares Entweder-Oder, entweder Verzicht oder tödliche Gefahr, bleibt den meisten Müttern zum Glück erspart. Aber zumindest einen Anflug davon erleben viele, wenn Kinder Wege gehen, die einem fremd sind. Loslassen können ist ein Thema für Mütter – und Väter. Es zeigt sich dabei, wie sehr ich meine Kinder bloss zur Erfüllung meiner eigenen Bedürfnisse einsetze und wie sehr ich wirklich an ihrem Wohl interessiert bin. Loslassen, zurücktreten, verzichten: Das sind keine lockenden Worte in unserer Gesellschaft, aber die Wahrheit hat nie besonders zu locken verstanden.

Die Mutter und ihr Kind: diese Beziehung findet in manch anderem ihre Ähnlichkeit. Der Mann und seine Arbeit, der Freund und seine Freundin, die Präsidentin und ihr Verein. Es gibt so manches, bei dem man falsche oder wahre Mutter sein kann, bei dem Verletzungen geschehen und Streit ausbricht, bei dem Verzicht gefordert wird um der Sache, um der Menschen willen. Geht es mir bloss um mich oder kann ich mich zugunsten des andern, zugunsten der Sache zurücknehmen?

Der weise Salomo hat gerecht gerichtet und der wahren Mutter ihr Recht gegeben. Sein Vorgehen ist als salomonisches Urteil sprichwörtlich geworden. Ja, er war Richter und doch vermochte er nicht, das Herz der falschen Mutter zurecht zu richten und heilsamere Türen für sie zu öffnen. Ob er in seiner überaus grossen Weisheit versteht, dass ich mich noch nach einer anderen Gerechtigkeit sehne, nach einer, die auch der falschen Mutter Genüge tut? Amen.

24. *Die Königin von Saba*

«Glücklich deine Frauen, glücklich
diese deine Diener, die allezeit vor dir
stehen und deine Weisheit hören!»

1. Könige 10,8

Auch ein demokratisches Herz kann sich nicht ganz der Faszination dieses königlichen Besuches entziehen. Man kann sich vorstellen, mit welchem Stolz spätere Generationen in Israel sich davon erzählten. Hätte es schon Illustrierte gegeben, dann wären die Bilder von seltener Üppigkeit gewesen. Diese wunderbare Königin von Saba, diese schöne Araberin mit ihrem Riesengefolge mit all den Kamelen und den so reichen Schätzen: Das glänzte von Gold und die Spezereien dufteten, als sei ein Märchen auf Besuch gekommen.

Dem eigenen König galt dieser Besuch, Salomo, auf den man so stolz war, dem Stern, der in alle Welt leuchtete. Er leuchtete so sehr, dass die Königin aus dem Südland sich aufgemacht hatte zu prüfen, wie es sich denn wirklich verhielte.

Salomo wusste, wie man eine Königin empfängt; er bot ihr ein eindrückliches Schauspiel seiner Herrlichkeit, sie war zum Mahl geladen und zum Opfer, und sie durfte seine Weisheit prüfen. Denn die war der Gipfel seines Ruhmes.

Staatsoberhäupter pflegen auch heute noch, einander mit Besuchen zu beehren. Man reist zwar nicht mehr während Tagen auf Kamelen. Aber noch immer bringt man sich Geschenke und imponiert mit dem eigenen

Reichtum bei bestem Essen. Doch selten liest man in einer Illustrierten, dass die Weisheit geprüft worden wäre. Statt sich mit Rätseln und ihrer Auflösung zu beschäftigen, erledigt man diplomatische Gespräche und man spaziert, wenn die Zeit es zulässt und die Freundschaft grösser wird, wohl zusammen auf der Ranch herum oder spielt Golf, wenn es hoch kommt. – Aber wo regiert schon ein Salomo und wo eine Königin, die die Weisheit zum Thema machten? – Gewiss nicht in Israel und auch nicht in Arabien.

Meist kommt im Gefolge der Wirtschaftsminister mit, und wenn neue Handelsverträge geschlossen werden, ist der Zweck des Besuches erfüllt. Vermutlich war das bei der Königin von Saba nicht anders. Sie hatte viel zu bieten, war ihr Volk doch seit Generationen auf den Handelswegen Arabiens zwischen Indien und dem Mittelmeer tätig. Gold und Weihrauch und Spezereien aller Art war ihr Gut und nach den reichen Geschenken waren Verträge leichter zu schliessen und der Handel würde florieren. Davon profitierten beide, der weise König und die reiche Königin.

Aber am meisten beeindruckte sie das Wissen, die Weisheit des Königs der Israeliten. Und sie sparte nicht mit Worten der Begeisterung. Wie schön war es, in der Nähe solcher Weisheit sein zu dürfen: «Glücklich deine Frauen, glücklich diese deine Diener, die allezeit vor dir stehen und deine Weisheit hören!» Sie wusste, wovon sie sprach, denn bei der Aufwartung hatte sie all die Diener gesehen und auch die siebenhundert Frauen Salomos, nicht zu reden von den dreihundert Nebenfrauen. Glücklich pries sie alle die Königin von Saba. Ob so vieler Frauen und so grossen Reichtums wird nun ein demokratisches Herz doch etwas skeptisch. Aber auch die übergrosse Weisheit hat Salomo weniger geholfen, als man hätte denken können. Nach seinem Tod ist sein Reich auseinander gefallen, sein Sohn vermochte nicht mehr an sich zu binden, was sein Vater zusammengebracht hatte. Und es reiste keine Königin des Südens mehr nach Jerusalem um der leuchtenden Weisheit willen.

Aber dem Land blieb dieses Bild der Erinnerung, dieser Moment seiner glücklichsten Zeit, als es sich eines Königs rühmen durfte, der leuchtete wie ein Stern. Es war gleichsam ein Moment gnadenreicher Erfüllung, ein Moment, der für alle Zukunft eine Sehnsucht wach hielt. Königlicher Besuch, Gold, Weihrauch, Weisheit, leuchtender Stern. Aus solchen Sehnsüchten werden Legenden gebildet.

So erzählte man sich viele hundert Jahre später – wir denken daran in diesen Tagen – von drei Königen, die sich aufmachten aus dem Morgenland mit Gold, Weihrauch und Myrrhe und einem Stern folgten, der sie zu einem neugeborenen König führen sollte. Und da standen sie nun, nein, sie knieten vor dem neuen Salomo, als ob sie die ganze Welt hellhörig machen wollten für die Worte der Weisheit, die aus diesem Munde kommen würden. Sie stellten keine Rätselfragen; das Kind hätte noch nicht antworten können. Aber dies neue Bild der knienden Könige war selbst wie ein Rätsel. Was konnte denn die Weisheit sein dieses Königs, der so gar keinen Reichtum besass, weder Gold noch Spezereien, der keine tausend Frauen besass noch unzählige Diener?

Später, über dreissig Jahre später sollte dieser neue, dieser seltsame König an den Besuch der Königin von Saba erinnern. Sie habe den beschwerlichen Weg auf sich genommen, um die Weisheit Salomos zu hören. Hier, bei ihm, aber sei «mehr als Salomo» *(Matthäus 12,42)*.

121

Weshalb «mehr als Salomo» und all seine Pracht? – Weil dieser König Gott selbst in unsre Nähe bringt. Nicht strahlend und prächtig, nicht herrschend und mächtig, sondern leise und innig. Da dringt ein Licht zum ärmsten Menschen, zum dunkelsten Winkel, hinein in Streit und Trauer, ein Licht, das versöhnen will und trösten. «Mehr als Salomo», weil es so viel weniger ist, weniger hoch, weniger reich, weniger glänzend. Ein Licht im Finstern, nahe bei den Herzen der Menschen.

Die Könige hätten dem Kind gehuldigt, berichtet die Legende. Aber wen hätten sie glücklich preisen sollen mit Worten wie denjenigen der Königin von Saba? Es gab keine Frauen und keine Dienerschaft. So zogen sie zurück in ihr Land. Aber er selbst, der neue König, hat später angefangen, Menschen glücklich zu preisen: die Armen und Trauernden, die Sanftmütigen und die Friedensstifter und auch die Verfolgten. Das war der Kreis derer, die ihm folgten. Frauen und Männer, und sie nannten sich Dienende. «Glücklich deine Frauen, glücklich diese deine Diener, die allezeit vor dir stehen und deine Weisheit hören!» So sollte das Wort der Königin von Saba einen neuen Sinn bekommen und sich auf ganz andere Menschen beziehen. Da gehören, Hunderte von Jahren später, auch wir dazu. Noch immer hören wir die Worte seiner Weisheit.

Es ist nicht nur leicht, einen solchen König zu haben. Nur zu oft drängt sich der prächtige Salomo ins Bild hinein. Da liebäugelt manch eine Kirche mit Glanz und Herrlichkeit, mit Gold und Weihrauch und mit ausgeklügelter Weisheit. Und dann zerbricht doch die Einheit, weil auch die prächtigste Kirche nicht zusammenhalten kann, was doch eins sein sollte. – Nein, es zählt nicht der schönste Tempel, nicht die fürstliche Tafel und auch nicht das Wissen und die Weisheit. Eigentlich zählt nur die Nähe Gottes.

Ob die Könige gemerkt haben, dass diese, dass die Nähe Gottes sie auch auf dem Rückweg begleitete? – Gott kann so nahe sein, dass ich ihn in mir mittrage, hinaus aus dem Stall von Betlehem, hinaus aus dem Palast in Jerusalem. Hinaus aus der Kirche – hinein in mein Leben.

Das ist «mehr als Salomo». Amen.

25. Die Witwe von Sarepta

«Und wenn wir es aufgegessen haben,
müssen wir halt sterben.»

1. Könige 17,12

Da ist auf allerhöchster Ebene ein Konflikt entstanden;
man sagte, die fremde Königin habe mit ihrem Frucht-
barkeitswahn den heimischen Gott erzürnt und dadurch
sei das Gleichgewicht der Natur durcheinandergeraten,
und eine Dürre stand ins Land, wie sie seit Menschen-
gedenken nicht mehr erlebt worden war. – Aber die Leid-
tragenden sind immer die einfachen Menschen. Da lebte nicht weit von Israel eine Witwe – ohne Rente, wohl
ohne reiche Verwandten, aber mit einem hungrigen
Kind. Die Frucht des Ackers war verdorrt, das Geld
schon längst aufgebraucht, dürres Holz war noch zu
finden, aber das Mehl ging zur Neige und auch das Öl.
Was hatte denn diese Witwe mit dem Konflikt auf höchster Ebene zu tun? Nichts, sie kannte die Königin nicht,
die aus ihrem Lande stammte, sie kannte den Gott nicht,
der zornig war, sie war weder für den Fruchtbarkeits-
wahn noch für irgendeinen dahergelaufenen Propheten,
sie wollte bloss genug zum Leben haben, für sich und
vor allem für ihren Knaben. – Menschen wie sie werden
die Opfer, wenn es auf höchster Ebene nicht stimmt.

Sie weiss auch, dass sie nichts zu ändern vermag.
Nicht einmal Protest nützte etwas, und klagen auch
nichts. Es gibt eine stumme Ergebenheit der einfachen
Leute, die einem ans Herz geht. Man müsste doch, man
sollte doch – ist da denn keiner? Nein, die Witwe von
Sarepta kämpft nicht, und auch die Hoffnung hat sie

aufgegeben: «Wenn wir das letzte Brot aufgegessen haben, müssen wir halt sterben!»

Das ist kein Satz vergangener Jahrhunderte. Tausendfach wird er gesagt – zu allen Zeiten und an vielen Orten, weil der Boden dürr ist, weil der Boden überschwemmt ist, weil der Boden verseucht ist. Und immer wieder wird er gesagt, weil auf höchster Ebene Spannungen sind. Wer aber mag schon auf solche Sätze hören? – Die Schuld der Verantwortlichen bezahlen selten diese selbst; es hungern die Ohnmächtigen der Erde und sie haben keine Ahnung weshalb.

Der Prophet Elia wusste mehr von den Zusammenhängen; er hatte das Unglück kommen sehen und hatte doch die Macht nicht, es zu verhindern. Und es traf auch ihn. Er hatte genug vom Protest, genug vom Kampf, er war erschöpft. Weg wollte er von allen, hinaus aus dieser verkehrten Welt, aussteigen, zur Besinnung kommen – und Gott hatte ihm ein Versteck gezeigt, dort beim Bach und bei den Raben, dort, wo etwas Wasser war und Brot ihm zugetragen wurde.

Sind das die Glücklichen, die ihre Nische finden, fernab vom Unfrieden der Welt, die Einsiedler, die Zurückgezogenen, die Aussteiger an all ihren lauschigen Plätzchen und bergenden Örtchen? Es ist ihm ja zu gönnen, dem ermatteten Elia. Er lebt, was als leise Sehnsucht in manch einem Herzen schlummert. Am Bach sitzen, mit Vögeln und Tieren, im Einklang mit der Natur, in unverdorbener Nähe zum Schöpfer. So schadet er der Welt nicht, vielleicht betet er für sie. Aber der Hunger der Menschen kümmert ihn wenig, solange der Bach fliesst und die Raben fliegen.

Doch das Elend holt ihn ein. Wenn kein Regen kommt, trocknet auch Elias Bach aus. Letztlich kann keiner dem Zusammenhang der Welt entrinnen, solange er auf dieser Welt leben will. Und Elia wandert durchs vertrocknete Land hinaus in die Fremde bis nach Sarepta, weil Gott ihm dort Nahrung verspricht.

So treffen sich der hungernde Prophet, der um die höheren Zusammenhänge weiss, und die hungernde Witwe, die nur weiss, dass sie nichts zu essen hat. Der Hunger vereint sie beide. In Sarepta ist er der Fremde, der Flüchtende und sie die Einheimische. Aber was soll's: Essen müssen sie beide und trinken auch. Wer vermöchte denn zwischen fremd und heimisch zu unterscheiden, wenn er hungernde Menschen sieht? Wo es zu essen gibt, da bin ich daheim, und wo die Erde mir die Frucht verweigert, da fühle ich mich fremd.

Die Geschichte endet nicht beim Hunger. Es lohnt sich, auf das Ende zu achten. Am Schluss werden alle drei satt: die Witwe, ihr Sohn und der Prophet. Auf sein Wort, auf seine Bitte hin gibt die Frau zuerst dem Manne Gottes zu essen. Ausser seinem Wort hat sie keine Sicherheit, dass es danach auch noch für ihr Kind und auch für sie reicht. – Ist das die Grosszügigkeit der Armen? Wer kaum etwas hat, verschenkt auch noch das, was er hat.

Ein märchenhaftes Ende nimmt sie, diese Geschichte. Das Mehl im Topf geht nicht aus und auch nicht das Öl im Krug. – Nun wissen wir wohl, dass es gefährlich ist, in Sachen der Ökonomie an Märchen zu glauben. Wer traute sich schon, mit der Vollmacht eines Propheten den Schenkenden zu sagen, dass ihr Topf nie leer sein würde? – Wie sollen dann die Geschichten weitergehen in unseren Zeiten, die den Märchen abhold geworden sind?

Müsste doch ein Wunder geschehen, etwas, das die Regel der Natur oder die Regel der Gewohnheit durchbricht? Wenn Konflikte auf höchster Ebene unweigerlich zum Verhungern der Menschen führen, dann ist zumindest im Denken ein Wunder erforderlich: heraus aus der Kette des Hergebrachten hin zu neuen Ansätzen, die manchem widersprechen, was doch rechtens wäre. Ich verstehe die neuen Propheten, die von Schuldenerlass zu sprechen beginnen.

Doch ich weiss: Wir sind keine Propheten, auch keine Mächtigen und schon gar nicht Menschen auf höchster Ebene. Aber auch das gilt: Wir hungern nicht, unser Topf ist reich gefüllt und der Krug übervoll. Weshalb sinnen wir dann dem Wunder nach, wenn zunächst einmal gar keines nötig ist? Hätte Elia Brot gehabt und Öl – ich bin überzeugt, er hätte der Witwe reichlich davon gegeben. Und hätte sie eine volle Vorratskammer gehabt – ich bin überzeugt, sie hätte den Mann Gottes keinen Augenblick warten lassen. Die Stimme der Hungernden klingt bis an unser Ohr; was warten wir denn auf Wunder, wenn wir handeln können?

Das sei nur ein Tropfen auf den heissen Stein? Diese eine Witwe wurde satt samt ihrem Sohn, vielleicht ein Mensch unter Tausenden, aber sie wurde satt und von ihr erzählt die Geschichte. Es stimmt: Einmal werden wir ausgegessen haben und wir werden sterben. Aber solange wir leben, wird es etwas vom Schönsten sein, von unserm Mehl und unserm Öl andere zu ernähren.

Es macht den Reiz dieser Geschichte aus, dass am Ende nicht klar ist, wer da eigentlich wen ernährt hat: die Witwe den Propheten oder der Prophet mit seinem Gott die Witwe. Ist es uns denn heute so klar? Helfen wir mit unserm Geld und Brot den andern, oder ernähren sie mit den Früchten ihres Landes uns? Wie, wenn Gott die Welt so eingerichtet hätte, dass wir einander ernähren sollten? Amen.

26. Isebel

«Bist du Elia, so bin ich Isebel!»

1. Könige 19,2

Es ist zu befürchten, dass dieser zornige Satz in der neuen Bibelübersetzung nicht mehr stehen wird. Man hat erkannt, dass er ein Zusatz ist, von späterer Hand eingefügt; er fehlt in den ältesten Handschriften. So weiss man nicht, ob die stolze Königin Isebel je so geredet hat. Aber was tut es; es gibt Leute genug, die genau so reden, damals und heute.

Wir kennen den Ton: Da ist jemand mit Kraft und Gewalt aufgetreten, hat versucht, den andern fertig zu machen. Aber nein, diesen Triumph soll er nicht haben, was und wer er auch meint zu sein, er soll es gefälligst zur Kenntnis nehmen, dass ich mich nicht für dumm verkaufe, da stehe ich, das lass ich mir nicht gefallen, so wahr ich ich bin. Voilà!

Es ist, als ob man sich mit Worten in eine Rüstung stürzte, um dann zum vernichtenden Gegenschlag auszuholen. So reden nicht bloss kampfeslustige Burschen, nicht bloss aufgeplusterte Streithähne. Es gibt auch Streithennen, die mit bösem Eifer nachgackern, was die Königin Isebel ihnen hier vorgemacht hat.

Ja, zum Donner, soll man sich denn nicht freuen, dass endlich einmal eine Frau sich hinstellt und sich nicht alles gefallen lässt? Das nenn' ich eine Königin: eine, die unerschrocken die Stirn bietet und andere das Fürchten lehrt, statt eingeschüchtert sich zu verkriechen und einfach zu erdulden, was andere eigenwillig verfügt haben.

All ihre aus dem Ausland mitgebrachten Propheten hatte Elia hingeschlachtet, alles, was ihr lieb war, vernichtet. Und wenn ihr Mann, der König, dazu nichts zu sagen wusste, dann stellte sie sich eben selbst hin und liess diesem Gottespropheten melden, mit wem er fortan zu rechnen habe. Eine zornige, in ihrem Schmerz unerschrockene Frau. Eine respektlose Frau, die sich auch vor diesem israelitischen Gott nicht fürchtete; wehe dem, der sie in ihrer Ehre getroffen hatte!

So laufen diese Geschichten, verständlich sind die Wut, die darin zum Ausdruck kommt, der Rachedurst, die Leidenschaft und die Unversöhnlichkeit. Und alle diese Geschichten haben immer auch ihre Vorgeschichten und ihre Vorvorgeschichten. Isebel hatte ihrerseits schon viel früher veranlasst, dass die einheimischen Propheten ausgerottet worden waren, so dass Elia scheinbar allein übrig blieb.

Wenn Macht und Zorn sich mit Volk und Religion verknüpfen, dann wird der Kampf hochgeschaukelt, damals vor bald dreitausend Jahren wie auch heute – ausgerechnet auf demselben Boden. – Aber eben, es sind nicht Geschichten bloss von fremden Ländern; eine Isebel gibt es in manch einer Familie – und wohl durchaus auch hierzulande.

Der Name dieser Königin ist zum Symbol geworden für den Widerspruch, der nicht klein zu kriegen ist. Sogar in die Märchenwelt ist Isebel gelangt. Da klagt der Fischer: «Meine Frau, die Ilsebil, die will nicht so, wie ich gern will», und am Widerspruch seiner Frau geht ihm das ganze Glück verloren.

Irgendeinmal aber ist die Kraft ausgereizt; man kann nicht immer alles höher treiben. Der unheimliche Elia bekommt es bei dieser Frau mit der Angst zu tun. Es ist, als hätte er sich übernommen. Er mag nicht mehr kämpfen, nicht mehr sich verstecken, nicht mehr sich entgegenstellen, nicht mehr Widerspruch leisten. Er gibt auf. Es ist, als sei die schreckliche Kraft Gottes in ihm versiegt, er ist bloss noch Mensch und kann nicht mehr.

Irgendwie müssen doch diese Kreisläufe der Gewalt und der Forderung zum Stillstand kommen. Jetzt, da Isebel zornig und stark ist wie noch nie, jetzt ist Elia nicht mehr, was er war. Es ist ein unheimlicher Gedanke, dass Konflikte offenbar so weit getrieben werden, bis einfach einmal dem einen oder andern die Kraft ausgeht und er alles hinwirft und ihm auch alles egal ist. Die Königin hat die Schlacht gewonnen. Der Prophet geht in die Wüste, um zu sterben.

Es ist nicht so, liebe Gemeinde, dass in dieser Geschichte Gott bisher keine Rolle gespielt hätte. Er hatte ja seinem Knecht Elia den Befehl gegeben, Isebels Propheten zu töten. Gott gehörte mit zur Vorgeschichte dieser Eskalation, zumindest der Gott, an den Elia so unverrückt glauben wollte.

Das aber ist eben das Fatale, dass immer wieder und an manchen Orten der Glaube an Gott einer der Gründe ist, weshalb ein Konflikt hochschaukelt wird. Kann das denn wirklich Gottes Leidenschaft sein, dass Menschen hingehen und in seinem Namen einander abschlachten?

Da kann ich eine Isebel verstehen, hinter deren zornigem Satz gar eine Wut gegen diesen Gott mitschwingt: «Bist du Gott, so bin ich Isebel!» Und ich kann erst recht einen Elia verstehen, der sich erschöpft von einer solchen Welt abwendet und in der Wüste seinen Frieden sucht.

Wenn die Schlacht geschlagen ist und der erschöpfte Mensch mit Grausen sich abwendet, dann taucht – und sehnsüchtig haben wir darauf gewartet – ein anderer Gott auf. Er kümmert sich um den erschöpften Menschen, er schickt seinen Engel und nährt und gibt zu trinken. So erging es Elia in der Wüste. Das war kein Gott, der sich einliess auf das grausame Spiel: «Bist du Isebel, so bin ich Gott!» Nein, es war einer, bei dem schon anklang, was später ein anderer sagen würde: «Bist du mühselig und beladen, so will ich dir Ruhe geben; bist du durstig, so gebe ich dir zu trinken vom Quell des Lebens; bist du hungrig, so bin ich das Brot.» Ach, die Geschichte der Gewalt nahm kein Ende damals im Land der Israeliten. Die stolze Königin wurde von ihren Dienern zum Fenster hinausgestürzt und den Hunden zum Frass vorgeworfen. Und noch immer schreit derselbe Boden, getränkt vom Blut der Gewalt.

Dabei wären so viele erschöpft und sehnten sich nach einem Engel, der sie stärkte – nach einem Engel und nicht nach einem Helden in der Rüstung.

Vielleicht ist es doch gut, dass unser Vers in der neuen Übersetzung der Bibel wohl fehlen wird. Amen.

27. Die Witwe eines Prophetenjüngers

«Deine Magd hat rein nichts im Hause
als einen Krug voll Öl.»

2. Könige 4,2

«Sage mir, was hast du im Hause?», so fragt der
Prophet Elisa die verwitwete Frau. Sorgen hat sie im
Hause, übergrosse Sorgen. Seit ihr Mann gestorben ist,
reicht es mit dem Geld hinten und vorne nicht. Schulden sind da, und es ist kein Leben im Haus, wenn
einem die Schulden über den Kopf wachsen.

Traurig ist das, wenn einem nur das im Herzen sitzt,
dass man Sorgen hat im Hause. Schwer ist es dann,
heimzukommen, es flieht der Schlaf und der Tag will
keine Freude bringen.

«Sage mir, was hast du im Hause?» – Zwei Knaben
hat die Witwe im Haus, ein Vermächtnis ihres Mannes,
eine Aufgabe, für die sie leben muss. Zwei Knaben, ein
Stück ihres Lebens. Just darauf hat es der Gläubiger
abgesehen. Wenn sie ihre Schuld nicht bezahlen kann,
dann soll sie die Knaben als junge Sklaven hergeben.
Grausam ist das: Dem, der arm ist, wird auch das
Letzte noch genommen, das er hat. Und es geht ans
Lebendige. Die Mutter weiss nicht, wie sie ihre Kinder
durchbringen soll, aber sie weiss, dass sie die beiden
nicht hergeben will. Deshalb ist ihr Herz voller Sorgen.
Der Prophet, Gott, muss ihr helfen, denn schliesslich
war ihr Mann ein frommer Mensch. Jetzt, da sie nichts
hat, muss Gott ihr etwas geben. Mit leeren Händen
steht sie da, damit der Prophet ihr die Hände füllt.

«Sage mir, was hast du im Hause?» – Da mögen die Knaben alles aufgegessen haben, da mag alles voller Sorgen sein, aber irgendwo muss doch noch etwas anderes sein im Haus. Der Prophet will es wissen. Ach, die Frau weiss es wohl und sie sagt es ihm: «Deine Magd hat rein nichts im Hause als einen Krug voll Öl.»

Wenn einem alles aus der Hand genommen wird, wenn man meint, alles verloren zu haben, und nur noch Sorgen sich in den Schränken und Winkeln des eigenen Hauses breit machen, dann mag es wichtig sein, sich auf etwas zu besinnen, was man doch noch hat. Dies Krüglein Öl ist mir noch geblieben. Das gehört mir. Oh, manchmal wäre es entscheidend wichtig, dass uns jemand nach unserem Krüglein Öl fragte, nach dem, was uns noch geblieben ist. Das Krüglein Öl, das in all unsrer Armut noch unser Besitz ist.

«Sage mir, was hast du im Hause?» «Rein nichts als einen Krug voll Öl!» Rein nichts, das tönt so abwertend, als ob auch das Öl so gut wie rein nichts wäre. Die Sorgen und die Armut haben sich tief eingefressen, so tief, dass sie auch das noch schlecht machen, was geblieben ist.

Muss ich erinnern an die vielen Klagelieder alt werdender Menschen, denen Stück um Stück ihrer Kraft genommen wird, so dass es ans Lebendige geht, und die schliesslich keine Freude mehr empfinden an dem, was ihnen geblieben ist? Rein nichts als ein Krüglein Öl, zu wenig zum Leben, zu viel zum Sterben.

«Du hast etwas im Hause!» – Der Prophet hat andere Augen, er klagt nicht über all das Abhandengekommene, er sieht die Möglichkeiten in dem, was da ist. Ein Krug Öl, das reicht. Was du hast in deinem Hause, das reicht; rein nichts als das, was du hast – und du hast etwas.

Die Frau musste ihre leere Hand zurückziehen, der Prophet füllte sie nicht. Er erinnerte sie an das, was sie selbst hatte, er erinnerte sie an das Krüglein Öl. Von diesem Öl sollte sie ausschenken und das Ausgeschenkte verkaufen.

«Sage mir, was hast du im Hause?» – Nein, leere Gefässe hat sie nicht. Es ist nichts da, worein sie das Öl giessen könnte, um es dann zu verkaufen. Da ist das ganze Haus leer, aber leere Gefässe fehlen. Und die Frau borgt sich die Gefässe von ihren Nachbarn, sie trägt an Gefässen zusammen, was man ihr gibt, und stellt alles in ihre Stube. Jetzt kann das Ausgiessen beginnen.

Woher hat sie plötzlich den Mut genommen, um so viele Gefässe zu bitten? Eben war der Krug für sie doch fast gar nichts, und nun all die leeren Gefässe, die darauf warteten, gefüllt zu werden. Hatte Gott die Frau berührt, dass sie nicht zögerte, um die Gefässe zu bitten? Oder war es die Überzeugung des Propheten, die nun wiederum sie überzeugte? Er glaubte an den Inhalt des Krügleins, denn er glaubte an Gott.

Manch eine hätte ein Krüglein daheim in ihrem Hause, aber sie traut sich nicht, daraus auszuschenken. Vielleicht fehlen ihr die Gefässe oder sie traut sich nicht, um die Gefässe zu fragen, einfach zu bitten. Manch ein Talent, manch ein Krüglein Öl geht verloren, weil kein Gefäss dafür da ist. Niemand ist bereit, es zu empfangen.

Sollten Sie zu denen gehören, die viel in ihrem Hause haben, unendlich viel mehr als bloss einen Krug Öl, dann denken Sie daran: Vielleicht nehmen Sie aus Ihren Schränken ein leeres Gefäss, bloss ein leeres Gefäss, in das ein anderer sein Öl giessen könnte. Das wäre wichtig für den andern, und es schadete Ihnen nichts. Im Gegenteil, Sie würden sich freuen, dass da plötzlich eine Schale gefüllt wird aus einer Quelle, die Sie bisher nicht beachteten.

Sie verstehen mich recht: Das Wort Gefäss hat eine tiefere Bedeutung als einfach ein Geschirr. Dem andern, dem an seiner Armut Leidenden ein Gefäss bereitstellen, in dem sein Besitz zur Geltung kommt, in dem zu leuchten beginnt, was er kann und was er ist, das wäre ein Dienst der Nächstenliebe. Vielleicht müsste unsereiner weniger an unser Krüglein Öl denken als an all die leeren Gefässe, die wir andern zur Verfügung stellen könnten.

«Sage mir, was hast du im Hause?» – Nun sind es viele mit Öl gefüllte Gefässe, die vor der Frau und den beiden Knaben stehen. Und sie können alles verkaufen und ihre Schuld bezahlen. Das Öl hat die Sorgen vertrieben, wie das Licht die Finsternis vertreibt. War es Öl für die Lampen oder war es Öl zum Zubereiten der Nahrung? Jedenfalls wurde es hell im Haus und es gab wieder genug zu essen.

Eine Wundergeschichte ist das, eine märchenhafte Wundergeschichte, gewiss. Aber sie macht uns Mut in unserer eigenen Armut und sie ermuntert uns in unserm Reichtum. Die einen mögen ihr Krüglein zur Hand nehmen und die andern ihre leeren Gefässe herbeibringen. Es ist allemal ein Wunder, wenn der Segen zu fliessen beginnt.

Ich sage dir, du hast einen Segen im Hause. Amen.

28. *Ester*

«Gefällt es dem König, so möge den
Juden zu Susa auch morgen gestattet
sein, nach der Verordnung, die heute
galt, zu handeln.»

Ester 9,13

Ach, es hatte alles so schön begonnen und gerne hätten wir die schöne jüdische Ester aus vollem Herzen bewundert. Mit grossem persönlichen Mut hatte sie ihre
Schönheit eingesetzt. Sie wusste, wie sehr sie der persi-
sche König Xerxes liebte, und auch an seinem Hof hatte sie ihr altes Volk nicht vergessen. Klug deckte sie eine
Verschwörung auf und verhinderte eine Verfolgung ihrer Volksgenossen. Der König liebte sie und hatte ein
Ohr für sie. Und ihr Vetter wusste sie gut einzusetzen
zu Gunsten seiner eigenen Stellung und zu Gunsten seiner Landsleute.

Ester konnte stolz sein auf sich und wir hätten sie
gerne bewundert. Aber man kann von ihr nicht sprechen, ohne auch auf das Ende der Geschichte zu reden
zu kommen. Ester schaute zu, wie nun umgekehrt
unter den Feinden der Juden ein Blutbad angerichtet
wurde, und sie war es, die den König nochmals um einen Tag der Rache bat, damit noch mehr der Feinde
umgebracht werden könnten. – Warum das, Ester, warum nochmals einen Tag der Rache?

Man brauchte das alles nicht so ernst zu nehmen, denn
wahrscheinlich handelt es sich beim Buch Ester bloss
um eine Novelle: Ester hat wohl nie gelebt und der zwei-

te Tag der Rache hat nie stattgefunden. – Nie stattgefunden? Ich weiss nicht. Viel zu viel findet statt von dem, was in diesem Buche steht. Viel zu oft sind da mutige Leute, die Böses verhindern und am Schluss dann selbst das Böse tun, aus Rache, aus Angst. Das war damals so und ist heute so, in Israel, darum herum und auch in Amerika. – Nur so weit weg? Nein, auch hier, in mancher Familie, an manchem Arbeitsort.

Das möchte ich verstehen und einen Weg möchte ich finden heraus aus diesem Kreislauf der Gewalt.

Solange eine solche Geschichte in der Bibel steht, solange sie gar gebraucht wird als Festlegende zum jüdischen Purim-Fest – und solange eine solche Geschichte immer wieder geschieht, können wir die Augen nicht verschliessen vor ihr. Ester gibt uns zu denken. – Warum, warum bloss dieser zusätzliche Schlag, wenn das Böse erkannt und gebannt ist? Weshalb dieses Gemetzel?

Da mag zum einen die Angst sein, die Angst, irgendwo könnte die Bosheit wieder ausbrechen und alle Vorsicht hätte nichts genützt. Mit Stumpf und Stiel soll es ausgerottet werden, das Böse unter den Menschen. Wie bei einem Krebsgeschwür soll jeder Ableger getroffen werden, damit man Ruhe hat, ein für allemal. Das ist verständlich. Und es ist eine Illusion. Wenn ich mit solchem Geschütz mich an die Ausrottung mache, sollte ich merken, dass just mein Geschütz wieder der Same ist, der Gewalt sät. Und immer weiter dreht sich die Spirale. Genug Völker wissen davon zu berichten.

Es könnte aber auch etwas anderes sein als die Angst. Rache kann es sein. Ein tiefes Gefühl der Gerechtigkeit: Wer Böses ersonnen hat, verdient nichts anderes, als dass er wegen seiner Bosheit umkommt. Rache aus einer tiefen Lust an der Gerechtigkeit. Oh, man sage nicht zu schnell, das sei nur ein Vorwand. Es wird festgehalten im Buch Ester, dass bei dem ganzen Gemetzel keiner sich bereichert hätte. Nur rächen, ausrotten wollte man, nicht sich bereichern. Ein heiliger Eifer hatte sich der Leute bemächtigt. War es Lust, war es Auftrag? Unheimlich war das, was da der König geschehen liess. Weshalb hat es der König erlaubt? Wohl kaum bloss wegen der schönen Augen seiner Ester. Nein, auch wenn Könige einen Gefallen tun, pflegen sie politisch zu denken. Wollte er diesem Eifer der Juden ein Ventil schaffen, dass danach wieder Ruhe einkehre in seinem Land? Denn alle verstanden die Rache, sie traf ja nur all jene, die ihrerseits die Juden hatten umbringen wollen. Also hielten sich alle still, das Gericht der Rache sollte seinen Lauf nehmen – und die Rächer waren zu unheimlich, als dass man sie hätte stoppen können. Erst sollten sie ihren Zorn austoben.

Ist es das? Heilige Lust an der Rache? – Wer hat sich nicht als Kind mit innerer Zustimmung erzählen lassen, wie Gretel die Hexe in den Ofen schob. Sie sollte verbrennen, die Hexe, sie hatte nichts anderes verdient, verbrennen mit Haut und Haar. So sollte es sein mit allem Bösen auf dieser Welt, so mit allen Bösen. Denn wer das Böse verbrennen sieht, der stärkt seinen Glauben an das Gute. Ein heiliger Eifer für das Gute ist es, der das Böse verderben will. Und weil wir Menschen das Böse nicht säuberlich von den das Böse ausübenden Menschen trennen können, verbrennen wir die Menschen gleich mit. Denn dem Guten wollen wir Raum schaffen, das Böse soll keine Chance haben.

Ja, so tönt es bei den Kreuzrittern unserer Zeit, und unheimlich ist es, wenn sie über ganze Armeen befehlen. Aber viele Leute lieben sie, denn sie tun etwas und stärken den Glauben, dass etwas getan werden kann. Und sie stillen den Durst nach Rache.

Ach, Ester, es braucht deine schönen Augen gar nicht mehr. Die Könige sind schon längst daran, nach Xerxes' Verordnung zu handeln. Und viele helfen, die alte Hexe mit ihrem ganzen Gesindel in den Ofen hinein zu schieben. Wer wollte da aufbegehren?

Hört sie denn keiner mehr, diese alte Wahrheit, die tief in unser Herz eingeschrieben ist? Hört ihn keiner mehr, den Spruch aus dem Himmel: «Mein ist die Rache, spricht der Herr!»

Rächen ist nicht Menschenwerk, nur Gott ist es vorbehalten. Ester, du fromme Jüdin, hast du das ganz vergessen? – Oder denkst du gar, du seiest Gottes Werkzeug, der heilig schreckliche Engel, der auf der Welt vollzieht, was Gott im Himmel beschliesst?

Mir graut, wenn Menschen den rächenden Willen Gottes vollstrecken wollen, mir graut vor dem heiligen Zorn. Nicht bloss bei ganzen Staaten, auch in Familien und am Arbeitsort. Überall gibt es sie, diese rächenden Vollstrecker von Gottes Willen.

Wäre es besser, sich Gott ohne Rache vorzustellen, als alles versöhnenden, dem Bösen entrückten Gott? So käme keiner in Versuchung, Gottes Willen schrecklich vollstrecken zu wollen. – Es wäre wohl besser, doch wohin mit den Rachegefühlen, die so tief in verletzten Herzen stecken? Sind sie alle unrein und muss ich sie aus meinem Herzen entfernen, bevor ich Gott näher komme? O du in Liebe thronender Gott, kannst du ein Herz verstehen, das nach Rache dürstet?

«Ich trage die Rache, ich trage sie an meinem Leib.» – Hörst du die Stimme? Da hängt einer am Kreuz und sammelt all die Rachegefühle der Menschen ein, er hält hin, er hält aus. «Die Rache ist geschehen», sagt er; lass leben und lebe selbst! – Ist dies gemeint, wenn eine Gemeinde bekennt: Er ist für uns gestorben?

O Ester, da ist ein König, der sich selbst der grausamen Anordnung ausgesetzt hat. Er hat es getan, damit du fortan deine schönen Augen für anderes einsetzen kannst. Amen.

29. Hiobs Frau

«Fluche Gott und stirb!»

Hiob 2,9

Hiob: welch eine Figur! All seine Rinder verliert er und seine Eselinnen, all seine Schafe und Kamele und alle seine Söhne und Töchter. Es bleibt ihm seine Frau und sein Leben. Und es bleibt ihm seine Frömmigkeit:

> «Der Herr hat's gegeben, der Herr hat's genommen; der Name des Herrn sei gelobt!»

Welch ein Mensch!

Und seine Frau? Wer denkt an sie? Waren es nicht auch ihre Rinder, ihre Eselinnen, ihre Schafe und Kamele, waren es nicht auch ihre Söhne und ihre Töchter? Sie teilt das Leid ihres Mannes, sie ist getroffen wie er; zwei vom Schicksal Geschlagene leiden zusammen, trauern zusammen, und vielleicht beten sie auch zusammen. Wenigstens das ist ihnen geblieben: der Gefährte und die Gefährtin, vom selben Los getroffen: Leidensgefährten. – Doch noch unbarmherziger wütet das Schicksal: Von der Fusssohle bis zum Scheitel wird Hiob krank an seinem Körper. Und er sitzt da und kratzt sich mit einer Scherbe. Seine Frau aber bleibt gesund; zerbrochen ist die Gemeinschaft des Leidens.

Getroffen werden vom selben Leid: das ist das eine. Mitansehen müssen, wie der Nächste leidet, und selbst gesund bleiben: das ist etwas anderes. Gesund bleiben und von seiner Gesundheit nichts abgeben können, hilflos zusehen müssen, wie der andere krank ist und Schmerzen hat und sich kaum zu helfen weiss, das kann einen zur Verzweiflung treiben.

Hiobs Frau wird bitter, erst jetzt wird sie bitter, da sie nicht mehr Gefährtin des Leidens sein kann. Was ist das für ein Gott, der solches schickt? Warum lässt er denn ihren Mann nicht sterben, warum muss leben, wer nur noch Schmerzen hat? Warum? Nein, einen solchen Gott vermag sie nicht zu loben. Wenigstens sie will hinausschreien, was ihr Mann so demütig duldet. Wenn sie denn schon nicht mitleiden kann, dann will sie wenigstens ihrem Mann dazu helfen, die ganze Kränkung, die ihn schindet, Gott zurückzugeben und dem zu fluchen, der solches Los bestimmt: «Fluche Gott und stirb!»

Welch Leid steckt hinter einem solchen Satz! Die Kraft der Hoffnung ist aufgezehrt, der Glaube an irgendeine Gerechtigkeit aufgebraucht. Und doch ist es kein liebloser Satz und schon gar kein gleichgültiger Satz. Hiob, ihr Mann, soll endlich sterben dürfen, erlöst werden von all dem Leid. Aber solange er sich immer noch an seinen gerechten Gott klammert, kann er sich nicht lösen von seinem Leben. Endlich soll er Schluss machen mit diesem Gott, ihn aus seinem Leben verbannen und damit auch jede törichte Hoffnung auf ihn, damit er endlich sterben kann. Denn wenn schon das Leben nur noch Qual ist, bringt der Tod wenigstens Ruhe. Und die wünscht sich die Frau für ihren Mann. Sie mutet ihm die Wahrheit zu. Jetzt ist nicht mehr Zeit für billige Worte des Trostes, nicht mehr der Ort für beschwichtigende Sätze der Zuversicht. Wer so miteinander gelitten hat, wird sich auch nicht verstellen. Jetzt spricht das Herz, und das Herz ist verbittert und will nur noch eines: dass der Gefährte nicht mehr leiden muss.

So weit haben es also die frommen Geschichten eines liebevollen und gerechten Gottes gebracht, dass eine Frau in ihrer Verzweiflung nur noch die Möglichkeit sieht, diesen Gott zu verfluchen. Denn er hat sie enttäuscht; sie hat sich getäuscht, bitter getäuscht in ihm. Er ist nicht so, dass Huld und Güte von ihm ausginge, dass er für Gerechtigkeit sorgte und jedem das Seine zuteilte. Hiobs Frau sagt sich los von einem Gott, der nicht das Gute für ihren Mann will.

Und so steht dieser unglaubliche Satz in der Bibel: «Fluche Gott und stirb!» Wie kann ein solcher Satz hier Platz haben neben all den frommen Sätzen, neben all der Gnade und Liebe und Gerechtigkeit? Müsste Hiobs Frau nicht die ganze Bibel sprengen?

Es ist eigenartig mit diesem Satz. Wer sich die Mühe nimmt, ihn im Urtext der Bibel nachzulesen, wird entdecken, dass er nicht zu finden ist. Etwas ganz anderes steht da, eigentlich just das Gegenteil: Hiobs Frau sprach zu ihm: «Segne Gott und stirb!» Das allerdings scheint nun weit eher in die gängigen Bahnen der Frömmigkeit zu passen. Und Hiobs Frau erwiese sich als glaubensstarke Seelsorgerin.

Jetzt, da der Kampf verloren ist, soll Versöhnung den Abschied erleichtern. Das Hadern mit Gott hat ein Ende, denn Hadern lässt das Abschiednehmen nicht zu. So soll denn trotz allem und für alles Gott gesegnet werden: Friede soll gelten zwischen ihm und mir, Friede, der mich getrost ziehen lässt, damit ich im Tod meine Ruhe finde.

Ist es das, was Hiobs Frau ihrem leidgeprüften Mann im ursprünglichen Text vermittelt hat? Das passte zu den bewährten Bahnen der Frömmigkeit, sagte ich. Aber es passt nicht zu Hiobs Antwort:

> «Wie eine der Törinnen redet, so willst auch du reden? Das Gute nehmen wir an von Gott, und das Böse sollten wir nicht annehmen?»

Nein, Hiobs Frau war nicht willens, sich in das Schicksal zu fügen. Was immer auch sie ihrem Manne sagte, es enthielt Protest. War es gar blanke Ironie? «Ja, du tust fein: lobest und dienest Gott und gehest darüber zugrunde.» So hat Martin Luther in seiner Bibel an den Rand des Textes geschrieben. Da kommt für Hiob zu allen Schlägen Gottes noch die stechende Ironie seiner Frau hinzu. Als ob des Leides nicht schon genug wäre. «Segne nur deinen Gott, und stirb dabei!» Oder ist diese Ironie noch der letzte Abglanz enttäuschten Vertrauens?

Nun, die Zürcher Bibel beharrt wohl mit Recht auf ihrer Wiedergabe. Es wäre nicht das einzige Mal, dass die biblischen Schreiber einen bösen Fluch nicht in Buchstaben niederzuschreiben sich getraut hätten, sondern statt dessen das Gegenteil, eben einen Segen, hinschrieben. Der Leser wusste aber, was gemeint war. Man hatte Respekt vor dem geschriebenen Wort; wer hätte sich getraut, das wirklich hinzuschreiben: «Fluche Gott!», wer, ausser Hiobs Frau?

«Darnach öffnete Hiob seinen Mund und verfluchte den Tag seiner Geburt», so steht es am Anfang des nächsten Kapitels. War seine Frau doch keine Törin, hat sie den geduldigen, schweigsamen Hiob reden und fluchen gelehrt? Und wie er nun redet: gegen allen Trost und gegen alle Mahnung redet er und redet und fordert Gott heraus, Gott, der den verfluchten Tag seiner Geburt bestimmte. Und es ist nicht der gnädige, der gütige Gott, der ihm antwortet, es ist der mächtige Schöpfer der Welt. Der lebendige Gott antwortet ihm.

Nicht bloss sein Herz und seine Hände hat Hiob erhoben zu Gott, auch seine Stimme. Und Gott hat ihn seine Grösse ahnen lassen. So, nur so geht Hiobs Geschichte weiter, weiter nicht in den Tod, sondern noch einmal ins Leben hinein, noch einmal in allen Segen. Erst dann kann Hiob sterben, erst dann «mit Fried und Freud dahinfahren», alt und lebenssatt, versöhnt mit Gott, versöhnt mit seinem Leben und versöhnt mit seiner Frau. Amen.

30. Frau Weisheit und Frau Torheit

«Wer unerfahren ist, der kehre hier
ein!»

Sprüche 9,4.16

Hinter dem Grossen Platz in Brüssel gibt es eine Gasse, da liegt eine Gaststätte neben der andern. Und auf der Strasse stehen die Männer, die einen in ihr Lokal hereinlocken wollen. Mit Worten tun sie das und manchmal auch handgreiflich. Fast fühlt man sich in ein Rotlichtviertel versetzt, aber es geht wirklich nur ums Essen. Wahrscheinlich meiden erfahrene Belgier diese Gasse, aber wer unerfahren ist und etwas zu essen sucht, der kann sich dieses Drängens kaum erwehren. Wie wissen, wo es nun wirklich gut ist? Ich liess mich verführen und schlecht war es nicht, aber so viel habe ich nirgends sonst wo für ein Bier bezahlt. Durch Schaden wird man klug.

Solche Szenen kommen mir in den Sinn, wenn ich Frau Weisheit und Frau Torheit im Buch der Sprüche reden höre. Die eine, wohl vornehmere, schickt ihre Mägde aus, hinaus auf die Strasse, und lässt durch sie einladen. Die andere sitzt selber da und ruft den Passanten zu, hier nicht den Hungrigen, sondern – wenn schon – den Durstigen, den Wissensdurstigen, eben den noch Unerfahrenen.

So ein bisschen knisternd klingt das schon. Denn es sind die jungen Männer, die noch unerfahrenen, die hier angesprochen werden von den Frauen. Sie sollen reinkommen, denn Gutes warte auf sie. Und die Männer lassen sich verlocken. Und nicht allen bekommt es gut.

Im Angebot der Zeit stehen Weisheit und Torheit bei-
einander, in derselben Gasse sozusagen. Das war früher so und ist heute nicht anders. Und wenn die Weisheit meint, sie brauche nicht einzuladen, denn die
Qualität werbe für sich, täuscht sie sich wohl. Wie soll
jemand wissen, dass er einkehren kann, wenn niemand
draussen steht und einlädt? Also stehen sie alle da: Frau
Weisheits Mägde und Frau Torheit. Und sie werben um
die Wette.

Sie tun es gar mit denselben Worten, jedenfalls zu
Beginn: «Wer unerfahren ist, der kehre hier ein!» Das
tönt so wie: Wer hungrig und durstig ist, der setze sich
an meinen Tisch! So laden Weisheit und Torheit ein, so
laden die Weltanschauungen und Religionen, die Ge-
meinschaften und Kirchen ein. Die Welt ist ein riesiger
Marktplatz. Und nicht bloss die armen Jünglinge wissen nicht, welcher Stimme sie nun folgen sollten.

In Brüssel habe ich die Speisekarten genau studiert und
verglichen. Vielleicht lohnt es sich, auch hier genau zu
lesen, was die beiden Frauen versprechen. «Kommt,
nehmet teil an meinem Mahl und trinkt von dem Wein,
den ich gemischt!», so sagt es Frau Weisheit. Mit eigenen Händen hat sie zubereitet, ein ganzes Mahl ist entstanden und den Wein hat sie bestens gemischt. Arbeit
steckt dahinter und einladend wirkt es.

«Gestohlenes Wasser ist süss, und heimliches Brot
schmeckt gut», so lädt Frau Torheit ein. Man hört es
heraus: Da geht es nicht mit rechten Dingen zu, das
Getränk ist gestohlen und das Essen wohl auch, denn
es muss heimlich verzehrt werden. Aber eben: Gestohlenes und Heimliches vermag zu locken, vor allem jene,
die auf schnellen Erfolg ohne grosse Mühe aus sind.
Und vor lauter Verlockung merken sie gar nicht, dass

es ja bloss Wasser und Brot ist, was da angepriesen wird; Wasser und Brot, das bekam man früher im Gefängnis.

Nun ist ja all das bloss ein Bild, ein herrliches Bild der Weisheit aus dem gesammelten Buch der Weisheitssprüche. Natürlich reizt es, ein Bild zu deuten. Schon das mag ja gefallen, dass die Weisheit als Frau erscheint. Endlich einmal eine Frauengestalt in dieser doch so männlich geprägten Religion, mag manch eine denken. Und was für eine Frau! Die Weisheit, die Gott beigestanden ist bei der Schöpfung, die Führerin der Jugend, die Grundlage aller Gesetze und der Ordnung, die Wohltäterin der Menschen. Endlich eine Frauengestalt. Aber alles wird wieder verdorben, weil auch die Torheit eine Frau ist. Da sitzt sie und macht der Weisheit die Leute abspenstig, da verdirbt sie die ganze Ordnung und lockt gleichsam für die bequeme Tour. Frau steht gegen Frau – die Frauen sollen es nicht besser haben als die Männer.

Aber irgendwie müssen sich die Männer – und nicht nur sie – entscheiden, mit welcher Frau sie es jetzt halten wollen, mit Frau Weisheit oder mit Frau Torheit. Rechte Nahrung, gutes Gewissen, Leben sind auf der einen Seite; Verlogenes, Heimlichkeit und Tod auf der andern. So klar sieht es das Buch der Sprüche. Aber die Jünglinge sind unerfahren, und unverständig sind manchmal auch die Älteren. Und manch einer kann sich an der Nase nehmen, weil er der Torheit verfallen war. Er hat sich blenden, sich betören lassen durch schnellen Erfolg, dummen Gewinn und hat nicht gemerkt, dass an seinem Tisch nur Schatten hausten, Gäste aus den Tiefen der Unterwelt.

«Lasst fahren die Torheit, auf dass ihr lebet!», so ruft die Weisheit den Unverständigen zu. Sie wird es immer wieder vergeblich tun, denn das zu verstehen, braucht schon ein gehöriges Mass an Weisheit. Wie soll einer denn wissen, was zum Leben und was zum Tode führt, wenn er den Weg nicht gegangen ist, wenn er nicht bei der einen oder der andern eingekehrt ist? Ach, so klar ist es doch gar nicht für uns. Wir alle gehen die Gasse entlang und hören die Stimmen und wissen selten im Voraus genau, ob die Stimme nun zum Leben oder zum Tode führt. Denn Leben versprechen sie alle. Was bleibt uns anderes als voneinander zu lernen, als einander unsere Geschichten zu erzählen, unsere Einkehr bei der einen oder andern der Frauen. Durch Schaden wird man klug; hoffentlich ist es so, denn dann hat der Schaden etwas gebracht.

«Kommt, nehmet teil an meinem Mahl!», ruft Frau Weisheit in der Bibel. Wie könnten wir eine solche Einladung hören, ohne an einen andern zu denken, der Hunderte von Jahren später ähnlich gerufen hat. Im Herzen unserer Kirche ertönt dieser Ruf, die werbende Einladung zu einem Mahl der Vergebung und der Versöhnung. Christus hat den Ruf der Weisheit übernommen, mit ihm ist die Weisheit zur Liebe geworden. Liebe – doch wo diese Stimme ertönt, da knistert es nicht, aber sie lädt alle, die Mühseligen und Beladenen, die Jünglinge und die Frauen – sie lädt alle ein zu einer tiefen Erfüllung, zu einer wohltuenden Ruhe und zu einer unerschöpflichen Kraft.

Christus schickt seine Mägde und seine Knechte aus, und sie laden ein auf den Strassen der Welt. Sie sprechen vom Kreuz – und die Welt versteht es nicht. Wie Torheit kommt es der Welt vor, da will sie nicht einkehren, und sie sucht nach anderen Stimmen, die Leben verheissen.

Nein, so leicht ist es nicht. Was nach Leben aussieht, könnte am Ende bloss Schatten und Tod sein. Und was zum Kreuz führt, könnte am Ende Leben sein. Hinter Gottes Weisheit, hinter Gottes Liebe steht sein Heiliger Geist. Er ist die Kraft, die aus Schuld Versöhnung schafft, aus dem Tod das Leben und aus dem Nichts die Schöpfung. Der Heilige Geist, in der Sprache des Alten Testamentes auch er eine Frau. Amen.

31. *Die kanaanäische Frau*

«Gewiss, Herr, denn die Hunde fressen
von den Brosamen, die vom Tisch
ihrer Herren fallen!»

Matthäus 15,27

«Verstehen verändert», so heisst in diesem Jahr das
Motto der Sammelaktion «Brot für alle». Es mag reiz-
voll sein, unsere biblische Geschichte mit diesem Motto zu verbinden. Geschieht hier Veränderung durch
Verstehen?

Da stört eine Frau. Sie ist getrieben von der Not ihrer kranken Tochter und lässt keine Ruhe. Von diesem
Jesus im Süden hat sie gehört, dass er besondere Kräfte besitzt; er hat offenbar die Mittel, ihre Tochter retten zu können. Deshalb ist sie gekommen und deshalb
stört sie.

Hat sie diesen Jesus verstanden? Sie, diese von der
Not getriebene, auf ein Wunder hoffende Frau? Kaum.
Die Anliegen dieses Verkündigers, seine Predigt von
Gottes Nähe, seine Worte der Liebe interessierten sie
nicht. Sie wollte nur das eine: die Heilung ihrer Tochter. Das merkten die Jünger. Die Frau störte wirklich;
das Ganze war ein Missverständnis, und das war ja auch
nicht verwunderlich, schliesslich kam sie aus einem
heidnischen Land, in dem noch kaum über Gott richtig
nachgedacht worden war. So meinten die Jünger.

Das mag in der Tat stimmen, dass diese Frau Jesus
missverstanden hat, dass sie in ihm einfach einen wirk-
mächtigen Wundertäter gesehen hat. Aufgrund eines
Missverstehens aber hat sie sich aufgemacht und den

Weg zu Jesus unter die Füsse genommen. So ist bei ihr alles in Bewegung gekommen. «Missverstehen verändert» – liesse sich da sagen. Und es wäre spannend, einmal all die Geschichten zu sammeln, bei denen am Anfang einer starken Veränderung ein Missverständnis lag.

Missverständnisse haben es an sich, dass man die Dinge einfacher, plumper sieht, als sie wirklich sind, sowohl im Guten wie im Schlechten. Aber weil alles simpler verstanden wird, als es wirklich ist, entsteht bei einem Missverständnis oft die Kraft zur Handlung, zum Ausbruch, zum Bekenntnis. Und das bringt dann auch die Änderung. Später, im guten Fall, mag sich dann das Missverständnis klären. So stehen am Anfang mancher Liebesgeschichten, am Anfang mancher mühsamen, aber nötigen Auseinandersetzungen, am Anfang mancher Berufsentscheidungen simple Missverständnisse. Hätte man anfangs zu gut verstanden, wäre vielleicht die Energie zur Veränderung gar nicht entstanden.

Unsere Geschichte geht weiter. Jesus versteht wohl, was die Frau von ihm will. Sie sagt es ja auch deutlich. Da fehlt es nicht an Klarheit. Aber: Jesus will nicht. Dafür will er weder Zeit noch Kraft aufwenden. Denn er ist gekommen für sein eigenes Volk und nicht für die Fremden. Es ist dies ein klassisches Beispiel, wie Verstehen nicht verändert, mindestens Jesus nicht. Da sieht man ein Problem.

Es wäre so schön, wenn Verstehen die notwendige Veränderung bewirken würde. Das ist der Traum der Aufklärung: Wenn die Menschen wüssten, wie es wirklich ist, wenn sie alles verstünden, dann täten sie auch das Rechte. Falsches Verhalten sei Folge ungenauen Wissens. – Ach, leider ist es nicht so. Oft fehlt es nicht an Wissen, aber die Trägheit und der kurzsichtige Egoismus sind zu gross. Wissen wir denn wirklich einfach zu wenig über die Ungerechtigkeit der Güter- und der Chancenverteilung auf unserer Welt? Und wenn wir mehr wüssten, verhielten wir uns wirklich anders? Ich fürchte, nein. Die Menschen können unheimlich unbeweglich sein: Sie können verstehen und sich doch nicht verändern. Im Verdrängen sind wir Meister.

Jesus verstand die Frau, aber er wollte nichts verändern. Und die Jünger wollten die Frau verdrängen, denn sie störte; sie störte umso mehr, je besser man sie verstand.

Bisher hat uns unser Gedankengang auf zwei überraschende Sätze gebracht: «Missverstehen verändert» – das war der eine – und «Verstehen verändert nicht» – das ist der zweite. Es mag sein, dass die Frau sich bisher nicht verstanden fühlte. Deshalb hörte sie nicht auf, zu schreien und zu flehen. Das führt uns zu einer dritten möglichen Variation unseres Modellsatzes; es ist eine aus der Optik nicht erhörter und sich nicht verstanden fühlender Menschen. «Nichtverstehen verändert» – so hiesse dieser Satz. Bei der kanaanäischen Frau ist dies nicht eingetroffen. Aber er trifft die Wahrheit vieler unterdrückter Menschen. Wer sich auf die Dauer nicht verstanden fühlt, verändert sich, schleichend geht das voran, aber unaufhaltsam – in die Trauer hinein. Nichtverstehen tötet. Wer auf die Dauer nicht gehört wird, beginnt zu schweigen, zieht sich zurück, verkümmert. Nicht jede will endlos kämpfen.

Dazu kam es nicht in unserer Geschichte. Endlich hat die Frau aus Kanaan Jesus erreicht, fällt vor ihm auf die Knie und schreit: «Herr, hilf mir!» – Wen bewegte das nicht? Wenn der Bedürftige so nahe tritt, wenn die Hilfesuchende uns zu Füssen liegt, dann ist keine Frage mehr, wer unsere Nächste ist und wem wir zum Nächsten werden sollen. Da muss Verstehen zum Verändern, zum Verändernwollen führen. So fühlt ein Christ, denkt man. Aber so war es nicht bei Christus in dieser Geschichte. Für ihn gehörte diese Frau nicht zu den Nächsten. «Es ist nicht recht, den Kindern das Brot wegzunehmen und es den Hunden vorzuwerfen.»

Ich höre die guten Schweizer alle, die nur in ihrem Land helfen wollen: «Es ist nicht recht, das Geld in andre Länder zu schicken, solange wir Arme in unserem eigenen Land haben.» Nein, da hat Verstehen nichts genützt, auch hautnahes Verstehen nicht, bei Jesus nicht und bei diesen guten Schweizern nicht.

Nun, wir wollen hoffen, dass die senkrechten Schweizer dann auch wirklich helfen in der Schweiz, und zwar nicht bloss mit Brosamen, sondern mit ganzen Brocken. Dann macht ihr Satz Sinn und unser Respekt ist ihnen gewiss. Aber wenn bloss Brosamen abfallen sollten, dann ist es mit solchen Sätzen nun wirklich nicht weit her.

Jesus hat seinem Volk geholfen, aber er will dieser Frau nicht helfen; so erzählt es die Geschichte. Und sie, das ist das Erstaunliche, sie versteht ihn – trotz ihrer Not. Mindestens tut sie so, als ob sie ihn verstände. Ohne Protest nimmt sie seine Antwort auf. Ja, Jesus ist gekommen für seine Kinder, nicht für die andern, die auch noch da sind im ganzen Haushalt. «Gewiss, Herr», sagt sie – ohne Widerspruch. Aber sie lässt sich so sehr auf Jesu Antwort ein, dass sie im Bild, das Jesus braucht, die Chance für sich entdeckt. Vom Tisch der Herren fallen doch Brosamen für die Hunde, also muss doch auch bei Jesus etwas für Fremde abfallen. Nicht auf Kosten der andern, sondern einfach darüber hinaus.

Das ist wohl die einzige Geschichte, in der jemand Jesus besser versteht, als er sich selber verstanden hat. Seine eigenen Worte sind es, die dieser Frau ihre Chance geben. Und getrieben von ihrer Not, weist sie voll Vertrauen darauf hin. Das ist ein Glücksfall des Verstehens. Jetzt, endlich, kommt das Motto unseres Tages zum Zug. Diesmal verändert das Verstehen. Mit ihrem Satz bewirkt sie, dass Jesus sein Verhalten ändert. Die Frau kämpft nicht an gegen sein Verständnis, sie fügt sich, aber sie fügt sich wendig, bis sie die Nische entdeckt, die im Verstehen des andern für sie drinliegt. Ein Musterbeispiel, wie in der Politik und in einem jeden Konflikt Änderung möglich wären.

Jesus heilt die fremdländische Tochter, bewegt durch den Glauben dieser Frau. Und das Bild der Brosamen hat Schule gemacht. So, als Brosamen, ist der Glaube auch zu uns gekommen und nährt uns. Es wäre nichts als recht, wenn unsere Brosamen nun wieder andern zugute kämen. Und weil viele von uns viel Brot haben, müssten unsere Brosamen recht ansehnlich sein. Amen.

32. Die Mutter des Jakobus und Johannes

> «Sag, dass diese meine beiden Söhne
> in deinem Reich sitzen werden, einer
> zu deiner Rechten und einer zu deiner
> Linken.»
>
> *Matthäus 20,21*

Welche Mutter wollte nicht ihrer Kinder Bestes? Das ist es doch, was sich so tief in die Seele des Kindes hineinsenkt, die Überzeugung: Meine Mutter will nur mein Bestes. Das ist denn auch so etwas wie ein Massstab rechter Mutterschaft geworden: Eine gute Mutter ist nur, wer das Beste für seine Kinder sucht.

Nun sind – das lässt sich nicht verleugnen – nicht alle Kinder davon begeistert, dass ihre Mutter nur ihr Bestes will. Wenn der halbwüchsige Sohn bei kaltem Wetter seine Kollegen aufsucht und die Mutter zum Fenster hinausruft, ob er denn auch die wollene Unterhose angezogen habe, dann wünschte er seine Mutter, die sein Bestes will, am liebsten auf den Mond. Oder wenn die erst erwachsen gewordene Tochter sich all die Bedenken anhören muss, die ihre Mutter gegen ihren neusten Schwarm hat – besiegelt mit dem Satz «Ich will ja nur dein Bestes» –, dann wünschte sich die Tochter ihre Mutter ins Pfefferland. Manchmal ertragen wir es schlicht nicht, wenn jemand nur unser Bestes will. Wir kommen uns dabei so – ja was jetzt? – so bemuttert vor, so wenig selbständig.

Wir wissen nicht, wie begeistert die Jünger Johannes und Jakobus waren, als ihre Mutter nur ihr Bestes suchte. Sie waren doch wohl erwachsene Männer, durchaus imstande, selbst ein Wort für sich einzulegen, wenn sie etwas wollten. Und Jesus war ihnen weiss Gott nicht fremd, zogen sie mit ihm doch stets umher. Weshalb musste sich denn da ihre Mutter einmischen?

Mütter spüren viel, und sie merken manches, lange bevor es ihren Söhnen richtig bewusst wird. Und sie kennen die Scheu ihrer Söhne, sie wissen darum, dass diese mit Worten manchmal etwas schwerfällig sind. Mütter können bisweilen auch ungeduldig sein, besonders dann, wenn es um die Langsamkeit ihrer Söhne geht. Da lockt schon die Versuchung, etwas nachzuhelfen, ein Wort endlich auszusprechen, das dem Sohn ständig auf der Zunge liegt und das er nicht hinauslassen kann. Denn Mütter wissen mehr von der Gunst der Stunde, mehr auch davon, dass es einmal zu spät sein kann.

Schliesslich haben sie ihren Söhnen auch einmal auf die Welt geholfen, weshalb sollten sie nicht auch jetzt hin und wieder ihren Söhnen in die Welt hineinhelfen, in die Welt der Liebe, in die Welt der Karriere? Etwas Schützenhilfe bloss, nur, damit die Gunst des Augenblicks nicht vertan wird. Und nur, wirklich nur, weil sie das Beste für ihre Kinder wollen.

Es ist schon eine berückende Vorstellung: die eigenen Söhne an der Quelle der Macht. Ein hohes Amt, ein schöner Titel, ein besonderer Rang, viel Ehre, viel Geld, viel Bedeutung, all das für das eigene Kind, das eigene Fleisch und Blut, da schwillt die Brust; und wenn der Sohn sich nicht zuzugreifen traut, dann legt die Mutter ein Wort ein für ihn, für beide Söhne gar, denn keiner soll dem andern vorgezogen werden. Wer vermöchte das einer Mutter zu verargen – und welcher Sohn freute sich dann nicht auch seiner Mutter wegen, wenn er Erfolg hat...

Diese Mutter glaubt an ihre Söhne, und sie sieht sie schon, wie sie herrschen im neuen Reich mit Jesus zusammen. Aber vielleicht sind sie zu schüchtern, zu bescheiden, um Jesus zu verpflichten. Diesen Dienst kann ihnen die Mutter noch leisten, ihnen nur auf die Sprünge helfen, ihren Söhnen und Jesus auf die Sprünge helfen.

Ganz oben sitzend sieht diese Mutter ihre Söhne. Und sie, sie beugt sich tief vor Jesus, um das herbeizuführen. Eigenartig: Eine Mutter beugt sich, damit ihre Söhne einmal oben sitzen. Die Mutter dient, damit die Söhne herrschen können. Irgendwie weiss sie von einem inneren Zusammenhang zwischen unten und oben. Offenbar kann nur oben sein, wer sich tief gebeugt hat. Und die Mutter beugt sich selbst, um es ihren Söhnen zu ersparen, damit sie sich oben freuen können.

Es ist das ständig wiederkehrende Opfer so vieler Mütter. Sie beugen sich, sie arbeiten und mühen sich ab, sie entsagen so vielem, damit ihre Kinder es einmal schön haben und sich oben sonnen können. Sie wollen ihrer Kinder Bestes und opfern sich auf dabei.

Jesus hat die vor ihm kniend bittende Mutter gehört, aber er antwortet ihr nicht; er antwortet nicht ihr, sondern spricht die beiden Söhne an. In dieser Sache gibt es kein stellvertretendes Knien; es kann nicht die eine sich beugen, damit die andern sich sonnen können, nicht im Reich Gottes.

Sie selbst, die Söhne haben den Kelch zu trinken, den Kelch des Leidens. Denn wie könnten sie die Nähe Jesu haben ohne seinen Kelch, wie könnten sie rechts und links von ihm sitzen, ohne an seinem Leiden teilhaftig zu werden?

Hat das die Mutter gewollt? – Was ist da aus dem Besten geworden, das sie für ihre Söhne suchte? Ein Kelch des Leidens? – Oh, das weiss doch im Grunde jede Mutter: Wenn sie ihr Kind gross im Reich der Liebe sehen will, dann wird der Weg des Kindes nicht ohne Leiden sein. Das weiss sie doch, denn so war ja ihr eigener Weg. Weshalb denn sollte ihrem Kind erspart bleiben, was für ihre Liebe galt? Unsere Welt ist nicht so eingerichtet, dass man dem Reich der Liebe dienen kann, ohne ins Leid geführt zu werden.

Oder hat die Mutter nur eine Herrschaft nach dem Gesetz dieser Welt für ihre Söhne gesucht? Nur Macht, herrschende Macht – ohne Liebe? Sucht das eine liebende Mutter? – Kaum, denn dann wären wohl die Söhne bloss Instrumente in der Hand einer selbst machtgierigen Frau. Das meinen wir nicht, wenn wir Mutter sagen.

Es geht nicht anders: Nah bei Jesus zu sein meint immer auch, nahe bei seinem Leiden zu sein. In der Liebe zu sein meint immer auch, im Dienst zu sein. – Sind wir Christen also allesamt Diener in dieser Welt, um dann einmal in einer andern Welt Herrschende zu sein? So kann nur fragen, wer die Liebe nicht versteht. Wo sie herrscht, ist schon die andere Welt. Und wo sie herrscht, nimmt sie uns in Dienst. Wer der Liebe dient, ist schon ein Erster. Es ist nicht so, dass er es erst später einmal wird zur Belohnung. Denn wer in der Liebe herrscht, der dient.

Wenn aber Gott die Liebe ist, ist dann auch seine Herrschaft ein Dienen? Ja, so ist es wohl. Gott ist sich nicht zu schade selbst zu bitten. Der ewig thronende Gott menschlicher Machtgelüste kommt im Reich der Liebe vom Himmel herab, tief herab zu uns Menschen und bittet uns, bittet dich und mich: Lass dich versöhnen. So, nur so beginnt die Liebe zu herrschen.

Seltsam: Die Mutter des Jakobus und Johannes war wohl nie mehr so nah bei Jesus wie damals, als sie kniete – weder zu seiner Rechten noch zu seiner Linken, sondern vor ihm. Amen.

33. *Die törichten Jungfrauen*

«Gebt uns von eurem Öl, denn unsere
Lampen sind am Erlöschen.»

Matthäus 25,8

Manch ein Lehrer könnte ein Lied singen von unserer
zerstreuten Jugend. Da will man sie etwas ins Heft
zeichnen lassen, und schon geht es los: Der eine kann
sein Heft nicht finden, die andere hat die Farbstifte zu-
hause vergessen, der dritte sucht seinen Radiergummi.
Statt dass nun die schöpferische Stille des Zeichnens
einkehrte, geht das Chaos los: «Hast du mein Heft?»
«Kann ich dein Etui?» «Gibst du mir den Radiergummi?» Und der entnervte Lehrer stellt einmal mehr fest,
dass seine Klasse nicht bereit ist, wenn er sie etwas
zeichnen lassen will.

Nun, ich gebe zu: In der Regel ist der Lehrer kein
Bräutigam und seine Schülerinnen sind auch nicht fest-
lich geschmückte Brautjungfern. Und Ins-Heft-Zeich-
nen ist wohl schon gar nicht mit dem Beginn einer
Hochzeit zu vergleichen. Ein Etui ist auch etwas anderes als eine Öllampe. – Der Vergleich hinkt also; und
doch sind beide Male junge Leute nicht bereit, wenn
etwas beginnen sollte.

Wie kann man denn so töricht sein und das Öl zuhau-
se lassen, wenn man in der Nacht mit seiner Lampe den
Bräutigam empfangen will? – O nein, so töricht und so
zerstreut waren diese Mädchen gar nicht. Sie hatten sich
doch darauf gefreut, zu denen zu gehören, die den hübschen Bräutigam empfangen durften; sie hatten sich ge-

schmückt und ihre Lampen bereit gemacht und sie auch gefüllt mit Öl, und freudig waren sie losgezogen mit allen andern und konnten es kaum erwarten, den Bräutigam zu empfangen, denn jetzt musste er ja kommen. Und ihre Lämpchen leuchteten, und es war ein Vergnügen, in ihre erwartungsvollen Gesichter zu schauen.

Es war also alles bestens vorbereitet, und üblicherweise wäre auch alles gut herausgekommen und niemand hätte von törichten Jungfrauen gesprochen. Aber der Bräutigam kam nicht. Er wollte und wollte nicht kommen. Das war nicht fair, damit hatten sie nicht gerechnet, und langsam hatten die Flämmchen in den Lampen alles Öl verzehrt und die Mädchen schliefen ein.

Es ist mühsam, wenn der Bräutigam nicht kommt, wenn man ihn erwartet. – Der Bräutigam in unserer Geschichte liess lange auf sich warten, und das erst noch in der Nacht. Kein Wunder, dass das Öl ausgebrannt war. Und das soll nun ein Gleichnis des Himmelreichs sein?

Jesus liebte diese schrägen Vergleiche: der Himmel – ein ärgerlicher Bräutigam, der nicht kommt, wenn man ihn erwartet. Nein, töricht waren diese Jungfrauen nicht. Klug waren sie, allzu klug. Sie meinten, genau zu wissen, wann der Bräutigam kommt. Und sie hatten die Ölmenge ausgerechnet; es musste reichen bis zur Stunde des Empfangs. Weshalb sollte man sich mit weiteren Gefässen belasten, wenn einem doch klar war, wann die Stunde der Ankunft war. Sie hatten alles richtig berechnet – aber der Bräutigam war im Verzug. Wer hätte das denn wissen können?

Wir klugen Menschen, da meinen wir immer, wir könnten alles ausrechnen und die Zeiten bestimmen. Wir meinen gar, genau zu wissen, wie und wann der Himmel zur Erde kommen muss. Wir setzen Daten fest, warten im Advent und sitzen da unter dem Weihnachtsbaum, wir beten und erwarten dann das Gewünschte, wir gehen zur Kirche und wollen, dass hier die Gnade fliesst. Aber das Himmelreich kommt anders, als man denkt. Mal ist es hier, mal dort, mal lässt es auf sich warten, mal ist es längst schon da. Und wir kommen uns wie genarrt vor, wir stehen da wie die Toren, weil unsere Rechnung nicht stimmt. – Es muss Jesus eine diebische Freude gemacht haben, dieses Gleichnis zu erzählen und damit die so klug rechnenden Menschen vor den Kopf zu stossen.

Offenbar sollen unsere festen Erwartungen und Berechnungen gelockert werden. Heute hört man in der Berufswelt und oft auch im Privaten, man müsse flexibel sein. Flexibilität ist zu einer besonderen Qualität geworden. Nun denn: Weshalb sollte unsere Zeit nicht etwas herausgefunden haben, was selbst dem Reich Gottes dienen könnte? Flexibilität in Sachen Himmelreich: Dazu lädt uns diese Geschichte der wenig flexiblen Jungfrauen ein.

Ein offenes Herz und ein offener Verstand, wenn alles anders kommt, als man es erwartete. Und offene Augen vor allem, die sehen, wenn der Himmel anklopft auf der Erde. Wer dann aus der Tasche das Reserveöl nehmen kann und nicht erst noch bitten und betteln und umherlaufen muss, der ist gut dran. Der verpasst den Himmel nicht.

Da kommt dann einmal der Heiland nicht am Heiligen Abend zur Welt, sondern just an einem Tag, der so normal ist wie irgendeiner. Da weht mir ein Hauch des heiligen Geistes entgegen just von einem Menschen, den ich längst schon abgeschrieben hatte. Und da kreuzt ein Hilfesuchender meinen Weg und wird so zu meinem Nächsten, just als ich eigentlich allein sein wollte. Und die so überzeugend formulierte Bitte im Gebet erfährt eine Erfüllung, die mir zunächst wie ein Schlag vorkommen will.

Nein, der Himmel marschiert nicht nach unserem Takt und tanzt nicht nach meiner Pfeife. Ist es denn so schwer, auf seine Melodie zu hören und sich von ihm überraschen zu lassen?

Es wäre jammerschade, wenn ich erst das Heft suchen müsste und die Farbstifte und den Radiergummi, wenn plötzlich der Himmel sich ankündigte. Wenn er sich denn schon nicht an meine Regeln hält, wollen wir doch wenigstens nicht dumm dastehen, wenn er kommt. Gut, soll er mich überraschen, aber ich will nicht weglaufen, sondern mein Lämpchen leuchten lassen, ihn zu empfangen. Amen.

34. Die klugen Jungfrauen

«Nein, es würde niemals für uns und
euch reichen.»

Matthäus 25,9

Ein Nein kann hart sein. Das Nein aus dem Mund der
klugen Jungfrauen war hart. Jetzt, da mitten in der
Nacht plötzlich der Bräutigam kam, wollten ihm alle
entgegen leuchten. Aber das Öl in den Lampen der einen war ausgegangen, ausgerechnet jetzt ausgegangen,
als doch alle Lampen hätten brennen sollen. «Gebt uns
von eurem Öl!», bettelten sie, aber die andern wollten
nicht: «Nein!», war die Antwort.

Ein Nein kann einem die Freude vergällen, ein Fest zerstören, einen Traum zum Platzen bringen. Es ist so er-
nüchternd, ein solches Nein, und es tut weh. Beschämt
stehe ich da und ich komme mir so dumm vor. «Oh
wenn ich doch...», «oh hätte ich doch...», «oh wäre ich
doch...»! Aber jetzt ist alles zu spät. Unbarmherzig
macht mir das Nein bewusst, dass ich versagt habe, die
Chance verpasst. Ich armer Tor!
   Zu spät – dieses unbarmherzige «zu spät» gibt es al-
lenthalben in unserer Welt. Kaum einer, der es nicht
schon erfahren hätte. Ärgerlich, wenn ich die Treppe
hoch auf den Bahnsteig laufe und der Zug eben abfährt.
Ärgerlicher, wenn ich zu lange mit einer Anmeldung
wartete und nun alle Plätze ausgebucht sind. Unheimlich, wenn es mir nicht gelingt, dem Rauchen zu entsagen und der Arzt mir stirnrunzelnd eine fatale Diagno-
se eröffnet. Tief verletzend, wenn ich allzu lange mir

für meine Ehe keine Zeit nahm und meine Partnerin mir nun den Abschied gibt. – «Oh hätte ich doch!» – «Zu spät!»

Ein hartes Nein kann so grausam konsequent sein. Schon lange haben wir uns daran gewöhnt, dass alles dann irgendwie doch noch geht: der Zug etwas Verspätung hat, andere sich beim Anmelden noch mehr Zeit liessen, der Körper letztlich alles verkraftet und die Partnerin immerzu Verständnis hat. Aber so ist es nicht immer; es ist gefährlich, mit dieser «Irgendwie-geht-es-immer-Haltung» zu leben. Manchmal ist es eben wirklich zu spät, und es rächt sich, dass man nicht wachsamer war. Die Konsequenz meiner Nachlässigkeit holt mich ein. Und das Nein bewirkt ein zu jähes Erwachen. So ist es in der Welt. Man mag klagen darüber, aber ungerecht ist es nicht. Ungerecht ist höchstens, dass den einen das Nein früher trifft als den andern. Das Nein der klugen Jungfrauen trifft die törichten alle gleichzeitig. – Aber was soll denn diese von Jesus erzählte Geschichte? Ist sie ein Gleichnis für unsere Welt, erzählt als Ermahnung, dass wir wachsamer seien mit unserem Leben? – Das schadete nichts. Zur Klugheit des Lebens gehört es wohl, dass man ein hartes Nein möglichst verhindert. Und weil ein solches Nein in der Regel nicht wie ein sinnloses Schicksal über uns hereinbricht, lässt sich manches tun, um es zu abzuwenden.

Aber nun soll es ja nicht ein Gleichnis für die Welt, sondern ein Gleichnis für das Himmelreich sein. Gilt da die gleiche grausame Konsequenz, gibt es auch da ein «zu spät»? Es tut weh, wenn der Himmel nach demselben Muster gestrickt ist wie die Erde. Aber das ist schon richtig: Auch Gott gegenüber leben wir so leicht mit dem Gefühl: Irgendwie wird es schon gehen, andere sind auch nicht besser und er wird Verständnis haben. Ist es denkbar, dass Gott selbst ein hartes Nein spricht zu mir, weil ich alles falsch angepackt habe oder eben manches gar nicht angepackt habe?

Es ist tatsächlich eine uralte Vorstellung von Gott, dass im Ordnungsgefüge der Welt kein anderer als Gott selbst spürbar ist. So wäre die unerbittliche Konsequenz, dass aus falschem Verhalten sich ein hartes Nein ergibt, ein Hinweis auf eine sinnvolle Ordnung Gottes, die alles durchwaltet. Warum sollte dann für den Himmel eine andere Ordnung gelten? Wenn schon in der Welt sich mangelnde Wachsamkeit grausam rächen kann, wie muss das dann erst im Himmel sein! – Wollte Jesus uns das sagen? Wollte er uns mit dem Nein der klugen Jungfrauen aus dem trägen Schlaf aufwecken, damit wir wachsam würden, wachsam auch in Fragen des Himmelreichs?

Nun sagen ja im Gleichnis die klugen Jungfrauen etwas mehr als bloss «nein». Zuerst einmal begründen sie ihre Absage. Sie enthält keinen Vorwurf, auch keinen Spott und keinen Widerwillen. Das Nein soll keine Strafe sein. Würde das Öl der Klugen geteilt, wäre zu fürchten, dass die überall halbvollen Lämpchen ausgingen, bevor noch dem Bräutigam genügend geleuchtet worden wäre. «Es würde niemals für uns und euch reichen!», sagen sie. Nach menschlichem Ermessen haben sie damit Recht. Es reicht nun wirklich nur für die Hälfte der Jungfrauen, und da die Klugen an den Vorrat zeitig gedacht haben, ist es nichts als recht und billig, dass sie jetzt auch ihr Öl behalten. Nur so ist auch dem Bräutigam gedient. Das leuchtet doch ein, jenseits aller Moral.

Aber sie tun noch mehr, die klugen Jungfrauen. Sie geben den andern einen Rat, einen gut gemeinten. Sie sollen doch zum Händler eilen und sich mit neuem Öl eindecken. – Sagen Sie nicht, das sei zynisch, weil es ja mitten in der Nacht war. Bei einer Hochzeit waren doch alle Leute auf, und einen Händler hätte man leicht gefunden. – Also war ja auch alles bestens geregelt, ohne jede Bosheit. Aber nun musste der Bräutigam genau in dem Moment kommen, als die törichten Jungfrauen auf der Suche nach dem Händler waren, und sie kamen dann wirklich zu spät. Das war hart, und wenn es im Himmel so zugeht, wird es für manchen hart sein.

Geschichten haben es an sich, dass sie zum Weiterdichten reizen. Wenn uns denn schon Jesus mit einem solchen Gleichnis weckt, möchte man gerne mit ihm ins Erzählen kommen. Irgendwie kann ich mich mit diesen klugen Jungfrauen nicht zufrieden geben. Sie erinnern mich an die Jünger, die Jesus einmal baten, das Volk in die Ortschaften gehen zu lassen, damit es zu essen kaufen könne, nachdem es ihm stundenlang zugehört hatte. Ihre fünf Brote und zwei Fische würden niemals ausreichen, um alle zu ernähren. Und das Volk hatte es versäumt, einen Vorrat an Nahrung mitzunehmen.

Die Jünger waren zweifellos klug und gaben wohl auch einen klugen Rat. In der Welt wäre das recht gewesen. Von Jesus aber wird erzählt, dass er die fünf Brote und die Fische austeilen liess und dass es für alle gereicht habe. Das war weder klug noch töricht, aber es war zweifellos ein Stück Himmelreich.

Ist es dann so abwegig, in unser Gleichnis hinein zu fragen, was denn geschehen wäre, wenn die klugen Jungfrauen nun wirklich ihr Öl mit den törichten geteilt hätten? Ich möchte doch gerne wissen, ob der Bräutigam, wenn es denn der himmlische gewesen wäre, nicht das Öl seltsam sich hätte vermehren lassen, so dass es ihm die ganze Zeit aus allen zehn Lampen entgegen geleuchtet hätte.

Das wäre aber dann ein Wunder, sagen Sie? – Aber was ist denn das Himmelreich, wenn nicht ein Wunder der Liebe? Amen.

35. Die Magd des Hohenpriesters

«Auch du warst mit Jesus, dem
Galiläer!»

Matthäus 26,69

Hätte diese Magd ihren Mund nicht aufgetan, dann wäre
Petrus als getreuer Jünger Jesu in die Geschichte eingegangen. Aber so ist er nun der Jünger, der Jesus verleug-
net hat. Manchmal reicht ein kleiner Satz, und er drängt
uns in eine Richtung, in die wir uns nie treiben lassen
wollten. Hätte doch diese Magd geschwiegen!

Es hatte alles so mutig angefangen. Als in der Nacht
zum Freitag die bewaffneten Knechte der Hohenpries-
ter Jesus gefangen nahmen, war es Petrus, der als Ein-
ziger sich wehrte. Dazu zog er auch das Schwert. Aber
Jesus wollte das nicht; er setzte dem Bösen keinen
Widerstand entgegen und liess sich gefangen wegfüh-
ren. Der Mut hatte die Jünger verlassen, sie verschwan-
den in alle Richtungen und tauchten unter. Nur Petrus
nicht. Er konnte doch seinen Herrn nicht einfach im
Stich lassen. So folgte er ihm bis in den Hof des hohe-
priesterlichen Gebäudes. Da wollte er warten, bis er
wusste, was mit Jesus geschehen würde. Und die Priester
tagten in der Nacht und es zog sich hin.

Je länger es ging und je kälter es wurde, desto mehr
verflüchtigte sich auch der Mut von Petrus. Im ersten
Moment, wenn die Wut gross ist und alles noch neu,
da fühlt man sich frei von Angst und es ist nicht schwer,
ein Held zu sein. Aber wenn die Stunden sich ziehen,
wenn der Kopf zu überlegen beginnt und der Überle-

benswille sich immer deutlicher meldet, dann wird man vorsichtiger und dann auch ängstlicher. Das brauchte aber niemand zu wissen, dass Petrus im Hof des Hohenpriesters seinen Heldenmut verloren hatte. Er begann zu zittern – vor Kälte und vor Angst. Was wäre, wenn sie ihn nun auch noch gefangen nähmen?

Selten ist das nicht, dass einen der Mut verlässt, der einen am Anfang so heldenhaft erscheinen lässt. Und oft sind wohl Menschen als Helden in die Geschichte eingegangen, weil niemand merkte, dass sie auf dem Weg zur Tat schon längst zu zittern begonnen hatten. Nun, die Magd im Hof, die wohl mit den andern Mägden und Knechten alles besprach, was in dieser unruhigen Nacht geschehen war, diese Magd war aufmerksam. Der fremde Mann war ihr nicht entgangen. Und als er sich näherte, um sich am Feuer etwas zu wärmen, sprach sie ihn an. Sie hatte ihn doch gesehen, schon früher einmal – mit Jesus zusammen. «Auch du warst mit Jesus, dem Galiläer!», so stellt sie ihn zur Rede.

Ein fataler Satz war das. Petrus, der unerkannt hatte warten wollen, war entdeckt. Und der Satz klang nicht freundlich und teilnehmend. Er stellte bloss, grenzte aus. Die Knechte waren nah – was, wenn sie ihn nun auch noch gefangen nähmen? Nein, das wollte er nicht. Jetzt hatte er keine Kraft mehr, den Held zu spielen. Nur nicht auffallen wollte er, die Aufmerksamkeit von sich ablenken, im Dunkel sich wieder verstecken. Und Petrus wurde zum Verleugner. Nein, diesen Jesus kenne er nicht, er wisse nicht, wovon sie redeten.

Da wird drinnen im Haus einer zum Tod verurteilt, weil er unbeirrt an seiner Liebe zum himmlischen Vater festhält, und draussen tut sein treuster Jünger so, als ob er ihn nie gekannt hätte, weil er von seinem Leben nicht lassen kann. Nein, es waren keine Helden, die am Anfang unserer Kirche standen.

Was wollte denn diese Magd? Was wollen denn all die Mägde und Knechte, die solche Sätze sagten und immer noch sagen? «Auch du warst mit Jesus», «auch du bist ein Jude», «auch du gehörst zu den Schwulen», «auch du warst in der Klinik». Gemeine Sätze sind das. Wahr sind sie ja, aber es sind ausgrenzende Sätze, die dem andern die Wärme stehlen. Petrus ist die Lust vergangen, sich noch am Feuer zu wärmen. Was wollte die Magd? Einfach sich wichtig machen, zeigen, dass sie den andern durchschaut hat? Oder das Gefühl der Macht geniessen, dass sie Angst erzeugen kann? Oder einfach schwatzen, ohne viel zu überlegen? Wir wissen es nicht, bei dieser Magd nicht und auch bei all den andern nicht. Wir wissen bloss, dass viel Leid geschieht, solange Mägde und Knechte so reden.

Petrus hatte den Mut verloren, ein Bekenntnis abzulegen. Er wollte in Ruhe gelassen werden, in die Nacht verschwinden. Er wehrte ab und verleugnete, was doch seine Bestimmung gewesen wäre. Dreimal verleugnete er seinen Herrn, denn dreimal wurde er mit solchen Fragen geplagt.

Dreimal: Wenn die Menschen sich im Recht fühlen, dann lassen sie nicht locker. Dieser Fremde soll doch endlich zugeben, was mit ihm los ist, und wie ein Opfer wird er in die Enge getrieben. In die Nacht wollte Petrus verschwinden, doch da krähte der Hahn: Der Morgen kündigte sich an. Und da erinnerte sich der ungetreue Jünger der Worte seines Herrn: «Dreimal wirst du mich verleugnen, ehe der Hahn kräht.»

O Petrus, o schwacher Mensch, nun hast du schon deinen Mut verloren und jetzt noch deine Glaubwürdigkeit. Auf wen sollte sich denn der Herr verlassen können, wenn nicht auf dich? Der bohrende Satz der Magd hat die ganze Feigheit des Jüngers offenbart. Feige, er, der doch so mutig hatte sein wollen und so treu. Und Petrus weinte bitterlich, enttäuscht über sich selbst.

Man weiss nicht, ob die Magd die Tränen gesehen hat. Hätte sie verstanden, weshalb dieser Fremde nun plötzlich zu weinen anfing? Hätte sie gar triumphiert, weil es ihr gelungen war, jemanden fertig zu machen? Ach, wir wollen keinen Unmenschen aus der Magd machen. Vielleicht hatte sie es ja mit ihrem Satz gar nicht böse gemeint, war bloss schwatzhaft – und jetzt gar betroffen über das, was sie angerichtet hatte. – Doch wahrscheinlicher ist, dass sie die Tränen nicht gesehen hat. Denn die Mägde und Knechte solcher Sätze pflegen nicht zu merken, wenn ihre Opfer zu weinen beginnen. Niemand hat doch etwas Böses gemeint.

Aber drinnen im Haus stand einer, der um die Schwäche der Menschen wohl wusste. Er war gekommen, um die Tränen abzuwischen und die Last zu erleichtern. Er wusste um den fehlenden Glauben und die fehlende Treue. Er war gekommen, um auch da den Menschen Mut zu machen. Wer zu ihm sich bekennen wollte, durfte sich zu seiner eigenen Schwäche bekennen, zu seiner eigenen Unglaubwürdigkeit und Feigheit. Und jetzt, in diesen Stunden, war er selbst auf dem Weg, um das Leid auszuloten. Er war gekommen, um Gott in das Leid hinein zu ziehen. Kein Ort, auch nicht die kälteste Nacht, sollte gottlos sein.

Davon würde Petrus noch oft erzählen. Vielleicht war es doch gut, dass die Magd geredet hatte. Denn so wusste Petrus um seinen mangelnden Mut. Der Glaube braucht keine Helden, er wird in der Schwachheit mächtig.

Was aber ist mit der Magd geschehen, deren Satz den treusten Jünger zur Treulosigkeit verführt hat? Was ist mit ihr geschehen? Das weiss man nicht. Sie war nicht mit Jesus zusammen, ihr Herr war der Hohepriester. Aber nichts hindert uns, darauf zu vertrauen, dass – umgekehrt – Jesus, der Galiläer, auch mit ihr war. Amen.

36. Die Frau des Pilatus

«Habe du nichts zu schaffen mit
diesem Gerechten, denn seinetwegen
habe ich im Traum viel gelitten.»

Matthäus 27,19

Wo sind die Frauen am Karfreitag? Ist es an diesem Tag
gleich wie an manchem schwarzen Tag unserer Mensch-
heit, dass nur die Männer handeln und die Frauen aus
der Ferne zuschauen? Die Männer führen die Welt in
eine Katastrophe und die Frauen empfinden das Leid.
Erst als Jesus tot war, traten die Frauen richtig hinzu.
Sind es die Männer, die töten, und die Frauen, die sich
dann um die Toten kümmern? Welch ein Bild der Ge-
schlechter! Der Verräter, der Verleugner, der Verfolger,
der Richter, der Peiniger, der Hauptmann: alles Männer. – Wo sind die Frauen am Karfreitag?

Von einer wird berichtet, und das bloss in einem der Evan-
gelien, von einer, die versucht hat, Einfluss zu nehmen auf
das Geschehen, Einfluss auf die Welt der Männer. Es war
keine Frau des Volkes Jesu, eine Fremde war es, eine Rö-
merin, die Frau des römischen Statthalters Pontius Pilatus. Ohne Namen erscheint sie in der Bibel, in nachbibli-
schen Schriften nennt man sie Procula Claudia.

Am Freitagmorgen war es, als diese Frau versuchte,
das Planspiel der Männer zu wenden. Ein unerhörter
Augenblick war es. Der stets zaudernde Pilatus versuchte einen Weg zu finden, wie er Jesus frei bekommen könnte, als ob er nicht längst schon die Macht
besessen hätte, gegen den Willen der Priester Jesus frei-

zulassen. Der lavierende Pilatus stellte den finsteren Räuber Barabbas vor das Volk und daneben den angeklagten Jesus von Nazaret. Das Volk sollte wählen, welchen es freihaben wollte, denn einer stand ihm frei als Geschenk an diesem jüdischen Festtag.

Und eben da – Pilatus sass auf seinem Richtstuhl – überbrachte wohl ein Diener eine dringende Botschaft von seiner Frau. Die Frau des Statthalters hatte ihrem Gatten, dem höchsten kaiserlichen Beamten im Land, etwas Dringendes mitzuteilen: «Habe du nichts zu schaffen mit diesem Gerechten, denn seinetwegen habe ich heute im Traum viel gelitten.»

Hat der Diener das laut vorgebracht oder seinem Herrn bloss ins Ohr geflüstert? Wir wissen es nicht. Aber in der rationalen und brutalen Welt der Männer muss es eigenartig geklungen haben, dass sich eine Frau auf einen Traum berief. Da kam eine andere Welt ins Spiel, eine Welt, auf die Männer sich wenig verstanden. Und weil sie sich wenig darauf verstehen, nehmen sie sie auch nicht ernst. Denn nähmen sie sie ernst, dann müssten sie ja dazulernen.

Typisch Frau, so irrationale Ängste. Typisch die Reaktion derer, die nicht handeln, sondern nur zusehen. Nicht ernst zu nehmen von einem vernünftigen Mann. So mochte Pilatus gedacht haben. Oder vielleicht dachte er anders, aber er meinte, dass er so denken müsse. Wo käme man hin in der Politik, wenn man auf irrationale Träume der Frauen Rücksicht nähme! Nein, Politik ist knallhart, ein Geschäft des Verstandes und nichts zum Träumen. Und so treiben die Männer der Kreuzigung zu.

Dieser Jesus war ja auch ein Träumer, dachte wohl Pilatus, genau so wie seine Frau. Kein Wunder, dass sie sich ihm verbunden fühlte. Aber hier ging es um Macht und Politik, um Ehre und Klugheit, um Berechnung und Verteidigung. Und da mussten Träumer auf der Strecke bleiben.

Einen «Gerechten» nennt sie ihn. Das war doch ein starkes Stück. Schliesslich sass er, Pilatus, ihr Mann, auf dem Richterstuhl, er war doch der, von dem Gerechtigkeit erwartetet wurde. Er selbst war doch der Gerechte und Jesus der Angeklagte, der Mensch im Unrecht. Hatte denn seine Frau alle Vernunft verloren? Ach, hat es je Männer gegeben, die nicht meinten, im Namen der Gerechtigkeit Schwert und Leid verbreiten zu müssen? So schnell schwingen sie sich gern zum gerechten Richter auf. Und oft sind es dann die Frauen, die spüren, dass gerade die Gerechtigkeit zuschanden geht. Der Mann, der so gern gerechter Rächer sein will, zerstört leicht, was er hat retten wollen.

«Ich habe seinetwegen viel gelitten!», lässt die Frau ausrichten. Spätere Leser dieser Geschichte müssen sich darüber gewundert haben. Jetzt, da das Evangelium daran geht, zu beschreiben, wie Jesus der Menschen wegen so viel leiden musste, jetzt berichtet es von einer heidnischen Frau, die Jesu wegen zu leiden hatte. Ob sie das Leiden Jesu in ihrem Traum selbst empfunden hat? Hat sie etwas davon verspürt, in welche Finsternis der Verzweiflung und der Schuld ihr eigener Mann diesen Jesus stossen würde, hat sie etwas vom Abgrund dieser immer wieder so männlichen Welt erschrocken erahnt und wollte nun ihren Mann davon weghaben? «Habe du nichts zu schaffen mit diesem Gerechten!» Jesus würde sie alle in seinen Abgrund mit hineinziehen: Also war es besser, die Hände von ihm zu lassen. «Habe du nichts zu schaffen mit diesem Gerechten!», so drängte die Frau des Pilatus ihren Mann. Und er, was tat er? Als er merkte, dass die Meinung der Priester und auch die des Volkes gemacht war, wusch er seine Hände in Wasser und wies alle Schuld von sich; er wollte nichts zu schaffen haben mit diesem Urteil und er verurteilte Jesus doch, er verurteilte ihn zum Tode am Kreuz. O feiger Verrat! Entscheiden, aber nicht dafür geradestehen; sagen, was die anderen hören wollen, aber nicht die Folgen tragen. Pilatus wollte sich aus der Affäre ziehen, aber so hatte es seine Frau wahrlich nicht gemeint.

Nein, es hatte nichts gebracht, dass eine Frau sich einmischen wollte am Karfreitag. Alles lief ab, wie die Männer es geplant hatten. Sie wollten diesen Jesus aus der Welt schaffen, damit sie endgültig nichts mehr mit ihm zu schaffen hätten.

Und er, Jesus, was tat er in den selben Stunden dieses Freitagmorgens? Man konnte später seine Geschichte nur so erzählen, dass er sich bis zu seinem Tod zu schaffen machte mit seinen Nächsten, mit denen, die ihn verurteilten, mit dem, der an seiner Seite gekreuzigt worden war, und mit seiner Mutter Maria und mit dem Jünger, den er liebte. Sie alle nahm er in seiner Liebe in sein Sterben hinein.

So kam es, dass die Welt erst recht mit diesem Gerechten etwas zu schaffen hatte. Aber es war nicht so, dass das zu schlechten Träumen geführt hätte. Etwas war geschehen, nicht sofort, es brauchte seine Zeit, aber etwas war geschehen, was den bösen Träumen ein Ende setzte. Schuld, Verzweiflung, Angst und Sünde: Alles war hineingenommen in den Tod dieses einen, der sich versöhnend mit den Menschen zu schaffen macht.

Procula Claudia: Wer weiss, ob sie drei Tage später nicht noch einmal träumte, von Licht, von Vergebung, von einer Welt, in der selbst die Männer zur Ruhe gekommen waren...? Es soll eine Kirche geben, in der die Frau des Pilatus als Heilige gilt. Amen.

37. Herodias und ihre Tochter

«Was soll ich verlangen?» –
«Den Kopf Johannes des Täufers.»

Markus 6,24

Das ist keine erbauliche Geburtstagsgeschichte. Ein Lehrstück ist es, wie eine böse Tat zustande kommt. Es ist ein kurzer Weg vom hinreissend schönen Tanz zum blutenden Kopf auf der Schale. Wir wollen nachzeichnen, wie es dazu kommt.

Ein König feiert seinen Geburtstag. Mit Pomp feiert er ihn, denn die wichtigen Leute im Staat sollen sehen, wie mächtig er ist. Dabei weiss eigentlich jeder, dass er so mächtig wie sein Vater, so mächtig wie der grosse Herodes schon längst nicht mehr ist. Zwar trägt er dessen Namen, aber sein Reich ist kleiner geworden und eigentlich dürfte er sich gar nicht König nennen. Aber der Fürst Herodes feiert wie ein König, illustre Gäste sind da, es wird gegessen und getrunken und dann wird getanzt, vorgetanzt. Herodias Tochter, die Stieftochter des Königs tanzt vor den Gästen. Sie tanzt so verführerisch, so unglaublich schön, dass alle begeistert sind. Solch eine Geburtstagsfeier wird man nicht vergessen.

Vielleicht hat Herodes schon allzu viel des köstlichen Weines genossen. Jedenfalls zeigt er sich grosszügig wie der mächtigste König. Die Tänzerin darf sich wünschen, was sie will, und sei es die Hälfte des Reiches. Der König kann sich das leisten, denn seine Macht kennt keine Grenzen. So jedenfalls gefällt es dem gar nicht so mächtigen

Herodes, sich seinen Gästen zu zeigen. Er nimmt den Mund voll.

Herodias Tochter – Salome nannte man sie später – mochte wohl unglaublich hübsch sein und ihr Tanz für jeden ein Vergnügen, aber des Königs Grosszügigkeit überforderte sie. Was sollte sie sich wünschen? Sie war noch ein Kind. Also lief sie zu ihrer Mutter und fragte um Rat: «Was soll ich verlangen?»

Oh hätte sie sich doch getraut, aus ihrem kindlichen Herzen selbst einen Wunsch zu äussern: Die Geburtstagsfeier wäre friedlich zu Ende gegangen. Aber weil sie selbst sich nicht entscheiden konnte, öffnete sie dem Bösen die Tür. Bisher war ja noch nichts Schlechtes geschehen; dass der König seinen Mund allzu voll genommen hatte, das mochte man ihm an seinem Geburtstag wohl verzeihen.

Es war alles so glänzend und prächtig nach aussen. Aber wie so oft: Hinter der glänzenden Fassade war Spannung und Hass. Herodias, des Königs neue Frau, war gekränkt, tief gekränkt. Und immer wieder ist Kränkung die Ursache des Bösen. Sie hatte ihren ersten Mann, den Bruder des Herodes, verlassen und Herodes hatte seine damalige Frau verstossen, nur damit er und Herodias heiraten konnten. Das war keine sehr schöne Geschichte, aber man fühlte sich sicher, denn schliesslich war man mächtig und die Moral des gemeinen Volkes brauchte nicht zu gelten für Leute wie sie. Aber da war ein Prophet aufgestanden, Johannes, der Täufer Johannes, und der nahm kein Blatt vor den Mund. Er sagte, was Unrecht war, und er sagte es laut. Das vertrug Herodias nicht, die Wahrheit vertrug sie nicht. Und sie sorgte dafür, dass ihr Mann diesen Johannes in den Kerker brachte. Während nun im Palast das glänzende Fest gefeiert wird, schwelt im Keller das schlechte Gewissen. Und Herodias will dem schlechten Gewissen die Stimme rauben.

So geht es zu auf der Welt: Wird eine Schuld beim Namen genannt, fühlt man sich verletzt. Die Verletzung erzeugt böse Gedanken. Und der Verletzte missbraucht die Naiven, um zu seinem bösen Ziel zu kommen.

«Was soll ich verlangen?», fragt die hübsche, naive Tochter. «Den Kopf Johannes des Täufers!», antwortet die auf Böses sinnende Mutter. So überträgt sich das Böse von einer Frau zur andern. Nicht immer sind es die Männer, die Böses sich ausdenken. Die fröhliche Geburtstagsfeier verkommt. Ohne Bedenken eilt die Tochter zu ihrem Stiefvater und verlangt das von ihrer Mutter Gewünschte. «Auf der Stelle» will sie es, wie ein trotziges Kind, als spürte sie schon den Widerstand des Königs. Schrecklich ist es, wenn die Naiven sich einspannen lassen von der bösen Energie der Verletzten. Und dann der König, der ach so mächtige König. Jetzt wird er zum Opfer seiner Vollmundigkeit. Bisweilen hatte er sich verstohlen in den Keller geschlichen, um Johannes zu hören, den unbestechlichen, tiefsinnigen Johannes. Da war tief im Innern des Herodes ein Gespür für die Stimme des Gewissens, er hörte auf sie, sogar gern hörte er auf sie. Aber jetzt, im Festsaal, vor all den wichtigen Gästen, jetzt, da die glänzende Fassade zählt, jetzt will er sein Gesicht nicht verlieren. Weil der Mächtige sein Gesicht nicht verlieren will, verliert das Gewissen seinen Kopf. So kommt die Bosheit zum Ziel. Weil einer, der meint, er sei mächtig, nicht die Kraft hat, sein Gesicht zu verlieren. Ohne diese schier unausrottbare Schwäche des Mannes wären die Frauen nicht zum Ziel gekommen. Und am Schluss liegt der Kopf Johannes des Täufers auf der Schale.

Diese Geschichte zeigt, wie es unter uns Menschen zu einer bösen Tat kommt. Erschreckt stellen wir fest, dass es den Kopf kosten kann, wenn man die Wahrheit sagt, wenn man eine störende Wahrheit den Mächtigen sagt. Die Menschen lassen sich nicht gerne stören; sie werden böse, wenn man sie stört. Kein Wunder, dass so viele schweigen.

Ich weiss nicht, ob wir uns aus solchen bösen Geschichten einfach heraushalten können. Wo ist unser Platz? Bin ich verletzt und spüre, wie böse Gedanken sich einzunisten beginnen? Bin ich naiv und lasse mich missbrauchen? Will ich mein Gesicht nicht verlieren und tue, wovon mein Gewissen weiss, dass es nicht recht ist? Oder bin ich gar das Opfer der Bosheit um mich herum? Das sind keine erbaulichen Fragen zu einer Geburtstagsgeschichte. Aber wir wollen ihnen nicht ausweichen.

Mit Bedacht hat Markus diese Geschichte in sein Evangelium aufgenommen. Alles klingt schon an, was er später von anderen Personen erzählt. Die Rollen bleiben, nur die Personen wechseln. Herodes wird zu Pontius Pilatus, Herodias zu den Schriftgelehrten, Salome wird zum Volk und Johannes zu Jesus. Und wiederum endet die Geschichte mit einem Haupt voll Blut und Wunden. Der römische Statthalter hat Angst, sein Gesicht zu verlieren, die Schriftgelehrten sind verletzt in ihrem Glauben, das eben noch vor Jesus einhertanzende naive Volk lässt sich aufwiegeln zum Schrei «kreuzige ihn» – und Gottes Sohn neigt sein Haupt am Kreuz und stirbt.

Und was war die Wahrheit, die er verkündigt hatte? – «Kehrt um und glaubt an das Evangelium!»

Er wollte das Angesicht Gottes leuchten lassen über Menschen, die ihr Gesicht verloren hatten. Es sollte die Geschichte einer neuen Geburt sein, eine aufbauende Geburtstagsgeschichte. Amen.

38. *Elisabet*

«Gesegnet bist du unter den Frauen,
und gesegnet ist die Frucht deines
Leibes!»

Lukas 1,42

Sie muss weit gelaufen sein, die junge Maria: von Galiläa durchs ganze Land Samaria bis ins Bergland Judäas, wohl über manches Feld, über manche Weide und durch manch einen Dornwald, bis sie ihre betagte Verwandte Elisabet traf. Was trieb sie so weit? Suchte sie einen Menschen, der sie verstand, einen, dem sie sich anvertrauen konnte mit all dem, was ihr Herz bewegte? Josef, ihr Verlobter, vermochte sie wohl nicht zu verstehen; überhaupt konnte kein Mann so recht ermessen, was in ihr vor sich ging. Es gibt Dinge, die den Männern entzogen sind, Umstände, in denen nur eine Frau eine Frau ganz verstehen kann. Da ist dann kein Weg zu weit, und Maria eilt durch Dornwald, über Weide und Feld bis hin zum Hause Elisabets, ihrer Verwandten. Und sie bleibt bei Elisabet – drei Monate lang bleibt sie.

Elisabet verstand die junge Maria – in einer Selbstverständlichkeit, mit der nur eine Frau die andere verstehen kann. Sie war die erfahrenere, sie hätte wohl gut die Mutter Marias sein können; und schwanger war auch sie – schon seit einem halben Jahr. Da trafen sich zwei Frauen, betagt und jung, eigentlich allzu alt und allzu jung, Schwestern des Schicksals.

In der Bibel fehlt ein Wort des Grusses von Maria an Elisabet; diese und ihr Kind stehen ganz im Dienste Marias. Kein Wort verliert die ältere über sich. Ihr Mund ist weder voll von Worten der Sorge noch der Freude über ihr eigenes Kind, nein, er ist voller Lobpreis für die junge Maria. «Gesegnet bist du unter den Frauen!», sagt die im Alter gesegnete Elisabet und freut sich für die in ihrer Jugend Gesegnete.

Schon das wäre des Bedenkens wert: Ein Mensch, mit einer Geschichte wie der Elisabets, füllt nicht die Ohren des andern damit, sondern ist frei und offen, sich ganz dem andern zuzuwenden. Elisabet: nicht die in ihre eigene Geschichte verliebte, betagte, geschwätzige Frau, nein, die sich zu der andern hinwendende Schwester!

«Gesegnet ist die Frucht deines Leibes!», sagt sie. Es ist wie ein Glückwunsch im Hinblick auf die Geburt. Der Satz nimmt wohl auf, was seit Urzeiten die Menschen empfinden, wenn eine Frau ein Kind erwartet. Wo hätte das Wort Segen eine bessere Heimat als hier, wo spürte man Gottes Kraft inniger, wo wäre das Staunen grösser als hier! Wer wirklich eine Stelle sucht, wo ein Wunder mitten im irdischen Leben entsteht, der blicke auf eine schwangere Frau. Sie ist Zeichen des Segens und das Kind ist Zeichen des Segens. – So preist Elisabet die schwangere Maria glücklich, wie seit Urzeiten die Menschen die werdenden Mütter glücklich preisen.

Aber bisweilen denkt einer über die Zeit der Geburt hinaus. Weiss denn die Mutter, was einmal ihrem Kind geschehen wird? Weiss es die betagte Frau, die das Kind als gesegnet bezeichnet? Wusste es denn diese Mutter, wusste es Elisabet? Da wird ein Kind gepriesen, das einmal gemartert im Schoss der Mutter liegen wird, es wird gepriesen von einer Frau, deren Sohn aus der Festlaune eines feigen Königs heraus enthauptet werden wird.

Der Lobpreis dieser wohl noch ahnungslosen Mütter weckt Bedenken.

Oder ist es genau diese Ahnungslosigkeit, die Glück wünschen lässt? Weil keine Mutter weiss, was ihrem Kind geschehen wird, ist jede Mutter empfänglich für den Segenswunsch: Allein Gott wird wissen, welchen Weg er dieses neue Menschenkind führen wird; und er möge seinen Segen walten lassen.

Wir allerdings wissen, was aus diesen beiden Menschenkindern geworden ist. So klingt – mindestens in unseren Ohren – dieses doppelte «gesegnet» eigenartig: «Gesegnet bist du unter den Frauen, und gesegnet ist die Frucht deines Leibes». Es klingt so eigenartig, wie mir die weihnächtliche Freude über das neugeborene Kind bisweilen eigenartig vorkommen will, wenn dabei so ganz vergessen geht, wohin das Leben dieses Kindes steuert.

Doch mit lauter Stimme habe Elisabet ihren Segen ausgerufen. Nicht nur das. Der Heilige Geist selbst habe aus ihr gerufen; also waren es nicht bloss menschliche Worte, sondern Gottes eigener Segen. Gott aber wusste, wohin er dieses Kind führen würde.

Das allerdings ist nun wirklich bedenkenswert. Dann kann Segen nicht einfach Glück bedeuten, erfülltes, harmonisches Leben und friedliches Sterben. Da wächst der Segen im grössten Schmerz, nur im Dornenwald blüht die Rose, nur hinter dem Kreuz leuchtet die Auferweckung. Doch Elisabet preist, auch wenn manch einer menschlichen Schwester längst schon die Stimme erstorben wäre, wenn sie solches geahnt hätte.

Elisabet – die erste derer, die Maria lobpreisen! Sollen wir einstimmen in ihr Lob? Viele tun es. Und doch sollten wir nicht vergessen, dass später der Sohn, die einst gesegnete Frucht ihres Leibes, seine eigene Vorstellung vom Lobpreis hatte. Als einmal eine Frau seine Mutter selig zu preisen begann, sagte er: «Selig sind vielmehr, die das Wort Gottes hören und bewahren!»

Seltsam: Seine gesegnete Mutter hatte das Wort Gottes vom Engel gehört und es bewahrt; in ihr ist es gar Fleisch geworden und in Erfüllung gegangen. Er aber preist selig einen jeden, der Gottes Wort hört und bewahrt, und er selbst gibt den Menschen Gottes Wort zur Bewahrung.

Wäre das denn eine neue, meine eigene Geschichte der Schwangerschaft: Gottes Wort in mich aufzunehmen und es zu bewahren, damit es in Erfüllung geht in mir? Könnte so selbst ein Mann verstehen, was es heisst, schwanger zu sein, mit Gottes Wort schwanger zu sein? Was Elisabet am Schluss der schwangeren Maria zurief, könnte dann selbst einem Mann wohltuend im Herzen nachklingen, wenn er seinen Weg über Felder und Weiden und durch Dornwälder geht: «Selig, wer geglaubt hat, dass in Erfüllung geht, was ihm vom Herrn gesagt ist!» Amen.

39. *Maria*

«Kind, warum hast du uns das
angetan?»

Lukas 2,48

Muttertag: Ich wüsste keinen besseren Tag, an dem in
dieser Predigtreihe nicht endlich einmal die Mutter
Maria zu Wort kommen könnte. Wie keine andere Frau
ist sie für viele zur Mutter schlechthin geworden. Ihr
Schicksal bewegt uns bis tief ins Herz hinein. Man stelle nur einmal in Gedanken die beiden Bilder nebenein-
ander: einerseits die selige Mutter Maria aus der Weih-
nachtsgeschichte mit ihrem Kind auf dem Schoss – und
andererseits die schmerzensreiche Mutter Maria mit
dem Leichnam ihres Sohnes auf demselben Schoss nur
dreissig Jahre später. Das enthält, was das Schicksal
einer Mutter sein kann: Freude und Schmerz, Erfüllung
und Entsagung. Was von einer Mutter erzählt wird, hat
alles zwischen diesen beiden Bildern Platz.

Von allen Mariengeschichten ist mir die von der Mutter des zwölfjährigen Knaben eine der liebsten. Es ist
die einzige Kindheitsgeschichte Jesu, die in die Bibel
Eingang gefunden hat. Nur beim Evangelisten Lukas
steht sie, bei ihm, der ein besonderes Gespür für die
Frauen hat. Man kann diese Geschichte nicht lesen,
ohne an unzählige Mütter zu denken, in deren Herzen
der Weg ihrer Kinder tief eingezeichnet ist.

Es beginnt wie ein Familienidyll. Die frommen Eltern pilgern mit ihrem Sohn hinauf nach Jerusalem, um
den Tempel zu besuchen. Die Familie ist sich nicht selbst

genug, sie weiss um die Wurzeln, denen sie sich verdankt. Das Kind wird hereingenommen ins Erleben der Religion, es soll vertraut werden mit dem Ort, wo man sich dem himmlischen Vater am nächsten fühlt. Und die Familie ist nicht allein da, Freunde sind mit unterwegs: Vor Gott entsteht die grosse Familie der Feiernden und Betenden; das Kind bekommt zu spüren, wie der Gottesdienst Gemeinschaft stiften kann. Es war eine erfüllte, schöne Zeit in Jerusalem und erfüllt hat man sich auf den Heimweg gemacht. Die Eltern reden mit ihren Leuten aus demselben Dorf auf dem Rückweg und denken wohl, dass ihr Kind bei andern Kindern der Gesellschaft Anschluss gefunden hat.

Dann aber bricht plötzlich die Angst herein: Der Knabe ist weg, keiner weiss etwas von ihm, und die Eltern eilen die ganze Strecke zurück bis nach Jerusalem. Und da sitzt er seelenruhig bei den Schriftgelehrten im Tempel und spricht mit ihnen. Vater und Mutter hat er ganz vergessen. – «Kind, warum hast du uns das angetan?»

Da könnte wohl manch eine Mutter eine ähnliche Geschichte erzählen: Wie ihr Kind – so völlig die Zeit vergessend – bei irgendetwas hängen blieb, was sein Herz bewegte. Und derweil sich die Eltern Sorgen machen, lässt das Kind sich ganz ein auf das Neue, das es fasziniert, und denkt gar nicht daran, dass seine Eltern sich sorgen könnten. Für das Kind ist es so selbstverständlich, dass Vater und Mutter da sind, wenn es sie braucht. Aber es braucht sie nicht immer, nicht zu jeder Stunde, und voll Vertrauen vergisst es sie, wenn die Zeit für etwas anderes gekommen ist, um sich ihnen später wieder zuzuwenden. Die Mutter aber geht anders um mit der Zeit. Sie fühlt sich verantwortlich für ihr Kind, und das lässt sich nicht vergessen. Und leicht beschleicht sie die Angst, dass dem Kind etwas geschehen sein könnte. Deshalb will sie immer wieder von ihrem Kind hören. Wie kann denn das Kind sie so ganz vergessen, weiss es denn nicht, wie lieb es ihr ist?

Aber es geht um noch mehr. Irgendwie geben die Eltern doch das Feld vor, auf dem ihr Kind sich bewegen soll. Sie nehmen es mit, führen es weiter, bringen es heim. Sie kennen die Welt, in die sie ihr Kind einführen möchten. Aber da wählt das Kind plötzlich etwas, was den Eltern nicht so vertraut ist. Hat es sich verführen lassen? Das Kind ist fasziniert, doch die Mutter ist verunsichert. Sie spürt etwas an ihrem Kind, das ihr fremd ist. Das Kind dringt in ein Gebiet, das ihr entzogen ist. Fast scheint ihr, das Kind werde ihr geraubt, das Kind, das doch eigentlich ganz ihr gehört. «Kind, warum hast du uns das angetan?» Merkt es denn nicht, wohin es gehört?

Gewiss, Jesus war nicht irgendein Kind. Die Leute, die ihm im Tempel zuhörten, seien ausser sich gewesen über seinen Verstand und seine Antworten, heisst es. Das wäre Grund genug gewesen für eine Mutter, stolz zu sein. Aber das war sie nicht, sie wollte kein Wunderkind, sie wollte ihren Knaben, den ihr vertrauten, das Kind ihres Schosses. Und sie merkte, dass da ihr Kind von etwas Fremdem gepackt war, von etwas, das ihm wichtiger war als sie.

Ja, Jesus war nicht irgendein Kind. Und doch ist die Erfahrung dieser Mutter manchen Müttern vertraut. Wenn ein Kind älter wird, lässt es sich von Kräften bestimmen, die jenseits des Elternhauses sind, und das kann wehtun. Das Kind entzieht sich dem elterlichen Garten und fühlt sich anderswo heimisch. «Wusstet ihr nicht, dass ich unter denen sein muss, die zu meinem Vater gehören?» Dabei war doch der Vater mit Maria zusammen hingegangen, seinen Sohn zu suchen. Aber dieses Kind spürte etwas von einer andern Vaterschaft, die es einmal bestimmen würde. Und das tat seinen Eltern weh. – «Kind, warum hast du uns das angetan?»

Im Leben vieler Kinder werden Kräfte spürbar, die in eine andere Richtung ziehen als in die von den Eltern geplante. Manch eine Mutter tut sich schwer damit. Und nicht immer ist es ein himmlischer Vater, der in die andere Richtung zieht. Es gibt Kräfte, die den Müttern gar nicht himmlisch vorkommen wollen, solche, mit denen sie nur schwer sich versöhnen können. Und doch müssen sie lernen, dass ihr Kind ein Kind solcher Kräfte sein kann.

Da mag es der Mutter Maria besser ergangen sein. Was gibt es denn Schöneres, als wenn ein Kind seine himmlische Vaterschaft spürt? Wenn es sich berufen weiss, diesen besonderen Weg des Sohnes zu gehen? – Ich weiss nicht, ob das so viel leichter war. Vielleicht wäre Maria viel lieber eine Mutter eines ganz normalen Kindes gewesen, das keine Mission gehabt hätte, das einfach seine Familie gegründet hätte und sie zur Grossmutter hätte werden lassen. Vielleicht hat Maria manchmal sehnsüchtig ihrem Familienidyll nachgehangen.

Aber so war es nicht. Dieser Knabe wurde zum Mann, der einen Weg ging, der ihn in Widerspruch führte, den Weg bis hin ans Kreuz. – «Kind, warum hast du uns das angetan?» Im Schmerz dieser Frage meldet sich schon die schmerzensreiche Mutter des toten Sohnes. Die himmlische Vaterschaft wird ihrem Sohn das Leben rauben. Arme Mutter!

Aber noch war es nicht so weit. Der Knabe kehrte artig zurück nach Nazaret und gehorchte seinen Eltern, bis die Zeit kam, da Gott ihn rief. Und die Mutter, die verunsicherte Mutter hatte nicht verstanden, was sie erlebt und was sie gehört hatte. Aber sie behielt alle diese Worte in ihrem Herzen. Und ihr Herz war gross, gross wie das Herz manch einer Mutter.

Es ist eigenartig: In den Ostergeschichten fehlt die Mutter Maria. Erst nach der Himmelfahrt Jesu taucht sie in der Apostelgeschichte des Lukas noch einmal auf: Sie verharrt mit den Jüngern im Gebet. So ist anzunehmen, dass diese Mutter, die so viel im Herzen bewahrt hatte, endlich auch vom Heiligen Geist erfüllt wurde, vom Heiligen Geist, der sie tröstete und ihr den Sinn des Weges ihres Sohnes erschloss. Zuletzt verstand sie wohl, warum ihr Kind ihr all das angetan hatte. – Und sie wurde zur Mutter der Kirche. Amen.

40. *Eine Frau aus der Menge*

«Selig der Schoss, der dich getragen hat,
und die Brüste, an denen du gesogen
hast!»

Lukas 11,27

Es muss begeisterte Anhänger Jesu gegeben haben. Wenn
er durch die Gassen zog und lachte, wenn er einen Kranken heilte und Heuchlern seine Meinung sagte, wenn er
Verzweifelte tröstete und das Gesetz den Menschen
zuliebe brach, dann jubelten viele. Er muss seine Fan-
Gemeinde gehabt haben – so nennt man das heute, wohl
mehr Frauen noch als Männer, mehr Junge als Alte. Von
Anhängerinnen umringt zog Jesus durch die Dörfer, und
man kann sich vorstellen, wie die gesetzten, würdevol-
len Alten mit Stirnrunzeln diesem Treiben zuschauten
und die Werte ihrer Religion in Gefahr sahen.

Anhänger und Anhängerinnen sind nicht immer
leicht zu ertragen. Natürlich ist die Begeisterung schön,
die Freude eine Bestätigung, aber dahinter steckt oft ein
Rausch, dem wenig zu trauen ist. Schon bald schlägt
die Begeisterung um. Wir wissen wenig darüber, wie Jesus mit dem Schwarm der ihm Anhängenden umge-
gangen ist, wenig, ob er sich gefreut hat darüber oder
ob er ihm lästig war.

Aber dieses eine Wort einer begeisterten Anhänge-
rin, einer Frau aus der Menge, ist uns überliefert. Und
es lohnt sich, genauer darauf zu hören, weil es unge-
wohnt ist. «Selig der Schoss, der dich getragen hat, und
die Brüste, an denen du gesogen hast!» So ruft diese
Frau; einen solchen Ruf hört man selten.

Wer denkt schon, wenn er von jemandem begeistert ist, an dessen Mutter? All die Helden, all die Stars, all die Berühmtheiten: Sie werden so eigenartig mutterlos verehrt. Dass hinter jedem Menschen, also auch hinter jedem begeisternden Menschen eine Mutter steht, die das kleine Menschenkind im eigenen Leib und dann auch ausserhalb des Leibes genährt hat, die das Aufwachsen begleitet und einen Raum der Liebe geschaffen hat, daran denkt kaum einer. Und jetzt, endlich, ist da eine Frau, der das wohl bewusst ist. Sie weiss um das Los der Mütter. Sie weiss um den stillen Stolz, um die Freude und um das Bangen einer Mutter. Und sie weiss, wie eine Mutter gewacht und gelitten, gearbeitet und behütet hat, damit da ein Menschenkind seinen Weg findet. Die Freude über diesen Menschen wird zu Dank und Lob für die Mutter dieses Menschen. Wie selig kann sich diese Mutter preisen, einen solchen Sohn zu haben!

Im ganzen Chor der begeisterten Stimmen ist diese eine besonders bewegend. Sie ehrt jene, die sonst so leicht vergessen geht. Ob Jesu Mutter diese Stimme gehört hat, wissen wir nicht, auch nicht, ob die Frau sie überhaupt gekannt hat. Aber der Ruf ist aufgenommen worden in die Bibel und ertönt so über die Jahrhunderte hinweg.

Wenn eine Mutter eines berühmten Menschen nicht vergessen gegangen ist, dann ist es die Mutter Jesu. Keine andere ist so verehrt, so selig gepriesen worden wie Maria. Man weiss zwar nicht, ob das schon der irdischen Maria galt, aber jedenfalls ist die Mutter Jesu über die Jahrhunderte immer höher gepriesen und immer seliger geworden. So sehr gar, dass die neuen würdigen Frommen bangten, hinter ihrer Verehrung könnte ihr Sohn verschwinden.

So hat denn diese Frau aus der Menge mit ihrem Ruf den Anstoss gegeben zu einer Mutterverehrung, wie sie bisher unbekannt war.

Was hätte Maria wohl gesagt, was hätte sie gedacht, wenn sie damals diesen Ruf gehört hätte? Die Sendung ihres Sohnes war nicht leicht für die Mutter. Statt dass der Junge sich in der Nähe ansiedelte, eine Familie gründete und bald einmal Kinder grosszog, ging er in die Fremde, zog umher und liess sich nicht in die Familie einbinden. Ob das der Traum seiner Mutter war? Noch manches Mal musste sie wohl in ihrem Herzen bewegen, welchen Weg dieser Sohn beschritten hatte, und in manchem wird er ihr fremd gewesen sein. Wofür hatte sie ihn ernährt, behütet und begleitet – nur dafür, dass er ihr nun entglitt? Konnte diese Mutter ihr Kind preisgeben und sich doch selig fühlen? Konnte die Begeisterung der Frau aus der Menge ihr wenigstens etwas vom Stolz und von der Liebe zurückgeben, die eine Mutter so gern für ihr Kind empfände?

Maria wurde über die Jahrhunderte hoch gelobt, aber niemand weiss, wie sie damals zu ihrer Lebzeit wirklich empfand und fühlte.

Aber das wissen wir: wie Jesus den begeisterten Ruf der Frau aus der Menge aufgenommen hat. Er hat weder Ja noch Nein dazu gesagt, sondern er hat mit einer anderen Seligpreisung geantwortet: «Selig sind vielmehr die, die das Wort Gottes hören und bewahren!» Und da ist mit einem Wort die ganze Marienverehrung vom Tisch. – Wirklich? «Selig sind vielmehr die, die das Wort Gottes hören und bewahren!»

Da hat nun die Mutter keinen Vorrang mehr. Jede Frau und jeder Mann kann das Wort Gottes hören, und nicht bloss hören, sondern auch bewahren. So bewahren, dass es eine Kraft bildet im Innern der Seele und diese Kraft das Handeln zu bestimmen beginnt. Jeder und jede kann das Wort aufnehmen und es hüten und pflegen, so dass es wächst und Gestalt annimmt. Wer das tut, den nennt Jesus selig.

«Vergebung» zum Beispiel ist ein solches Wort, das von Gott her kommt, eines von vielen. Man kann es hören und vergessen. Man kann es hören und aufnehmen und hüten wie einen kostbaren Schatz. Man kann erleben, wie es zu einer Kraft wird, und Vergebung wird spürbar im Handeln. Von solchen Menschen geht ein Segen aus: Selig sind sie.

Wir wissen nicht, was jene Frau aus der Menge dachte, als sie Jesus so sprechen hörte. Fühlte sie sich in ihrer Begeisterung abgeblockt und missverstanden? Vielleicht blieb sie ihrer Meinung treu. Schliesslich war doch dieser Jesus selbst das Wort Gottes. Und wer hatte ihn aufgenommen und bewahrt und behütet, so dass er Gestalt annahm und zu einer Kraft wurde für viele, wer, wenn nicht seine Mutter Maria! War sie nicht die erste, die der Sohn hätte selig preisen müssen, sie, die Gottes Wort hörte, vom Engel Gabriel ihr mitgeteilt, und die es bewahrte im Schoss und es saugen liess an ihren Brüsten?

Ja, ich denke, jene Frau hat weiterhin die Mutter Maria selig gepriesen und ihr Lob angestimmt – und Jesus hat sie wohl gewähren lassen. Amen.

41. *Die Frau mit der Drachme*

«Freut euch mit mir, denn ich habe die Drachme gefunden, die ich verloren habe.»

Lukas 15,9

Keiner muss ein Fest feiern. Es geht auch ohne; billiger ist es ohnehin. Feste sind Luxus, etwas, was über das normale Leben hinaus geht, über das Lebensnotwendige hinaus fliesst. Über-flüssig sind die Feste. – Und deshalb sind sie so schön!

Hätte die Frau ihre zehn Drachmen immer zusammengehalten, wäre sie kaum auf den Gedanken gekommen, mit ihren Nachbarinnen und Freundinnen ein Fest zu feiern. Alles hätte seinen normalen Gang genommen. Geld wäre zwar zum Festen vorhanden gewesen, aber der Antrieb zum Überfliessen hätte gefehlt.

Ein Leben ohne Fest ist ein Werktagsleben, bieder und recht, rechtschaffen eben. Manchen ist es am wohlsten so, sie kennen sich aus in den Grautönen des Alltags, tun ihr Werk jeden Tag und merken kaum, wie die Zeit verfliegt. Doch manchmal geschieht etwas, was uns treibt, den Alltag zu verlassen und ins Grau hinein einen frechen Farbklecks zu setzen. Feste sind die Farben im Leben, das Bunte, das die Gleichförmigkeit der Zeit unterbricht.

Jetzt, da die Tage länger werden und die Sonne die Pflanzen zu buntem Blühen treibt, spürt manch ein Mensch die Lust, ein Fest zu feiern. Schnell ist ein Tisch bereitgestellt, der Grill installiert, die Würste sind gekauft, die Freunde eingeladen und das Fest beginnt. Das ist Leben! Buntes Leben!

Manch ein Fest steht am Ende einer Geschichte und ist das Tor zu einer neuen Zeit. So steht am Ende der Ausbildungszeit das Examensfest, und es eröffnet die Zeit der Berufstätigkeit. Oder am Ende vieler Verliebtheitsgeschichten steht das Fest aller Feste: die Hochzeit; und sie eröffnet die Zeit der Liebe. Auch kleinere Geschichten gibt es, die zum Feiern eines Festes führen, so wie diese Geschichte hier, die vom Verlieren, vom Suchen und Wiederfinden erzählt, eine Geschichte, wie sie jeder von uns einmal erlebt.

Wie ärgerlich, wenn man zehn Silbermünzen besitzt und eine davon einfach verschwunden ist! Wie das einen umtreiben kann! Solange man alle zehn beisammen hatte, dachte man kaum an sie. Aber jetzt, da die eine verloren ist, gilt ihr die ganze Aufmerksamkeit. Und die Suche beginnt.

Da wird mit der Lampe geleuchtet, in jeden Winkel geschaut, der Boden gekehrt, da werden die Taschen geleert, die Schubladen ausgeräumt. Zum Teufel, wo hat sich das Ding denn versteckt, wo sah ich's zuletzt? Ich hintersinne mich, reibe mir die Augen, schlage mir an den Kopf und argwöhne gar, dass da ein Dieb im Spiel sei. Mit der Ruhe ist es aus.

Und dann, plötzlich, liegt es da, das Silberstück, einfach da und ist wieder gefunden. Ist das ein herrliches Gefühl! Kein Wunder, dass ich das feiern will. Mich drängt es, den andern meine Geschichte zu erzählen, sie hereinzunehmen in meinen Ärger, in mein Suchen und in den herrlichen Moment des Wiederfindens. Und die andern kommen und freuen sich mit mir und das Fest beginnt.

Sollte aber einer der grauen Rechner kommen und mir vorhalten wollen, dass mein Fest nun just den grössten Teil der gefundenen Münze wieder verschlingt, so lache ich ihn an: Er hat nicht verstanden, worum es geht bei einem Fest – wenn die Farbe das Grau verdrängt.

«Freut euch mit mir, denn ich habe die Drachme gefunden, die ich verloren habe!» – Das ist ein so herrlicher, farbiger Satz in der Bibel, einer, der den Alltag unterbricht, ein Satz, aus dem Leben gegriffen, der uns aus unserm Leben greift. Dahinter aber steckt ein Stück des Himmelreichs. Nicht die grauen Wolken eines trüben Tages, sondern ein strahlend blaues Stück des Himmels. Verlieren, Suchen und Finden: Das ist immer wieder die manchmal grosse, manchmal kleine Geschichte zwischen Himmel und Erde, zwischen Gott und Mensch.

Meist wird sie so erzählt: Da verliert ein Mensch den trauten Glauben seiner Kindertage, begibt sich hinaus in die Welt, ist des lieben Gottes überdrüssig und seiner eigenen Kraft gewiss, tut da und dort, was er nicht sollte, betäubt sich in den Vergnügungen der Welt, verliert den Halt, irrt umher und sucht und weiss nicht was und spürt die Leere immer mehr. Und dann – plötzlich – findet er doch einen Gott, einen, der standhält; anders als der Gott der Kindertage. Und er merkt: Ein neues Leben beginnt. Kein Wunder, dass er dies feiern will. So wird die Geschichte meist berichtet. Warum auch nicht! – Doch hier hat Jesus sie andersherum erzählt. Es lohnt sich, die Geschichte umzukehren. Wie, wenn Gott der Suchende wäre? Wenn er den Menschen irgendwie verloren hätte, nicht alle, aber diesen einen, dich vielleicht oder mich, und ihn nun suchte, im Dunkel mit dem Licht, in jeder Ecke, und sich fragte, wo zum Teufel – ja wirklich: wo zum Teufel – denn dieser Mensch geblieben sei? Wie, wenn Gott selbst sich bückte, bis hinunter zur Erde sich bückte und mit seinem Licht in den Winkel leuchtete, in dem der Mensch verloren ging? Und wenn dann Gott diesen Menschen fände, der ihn so bewegte! Welch ein Fest wäre das im Himmel! Es begännen die Engel zu tanzen.

So wohl wollte Jesus sein Gleichnis verstanden wissen. Und er sah sich als das Licht, mit dem Gott die Menschen suchte. Wenn er dann den einen gefunden hatte, der vielleicht im dunkelsten Winkel des Lebens sich bewegte, dann freute er sich von Herzen. Und er konnte nicht verstehen, weshalb all die andern sich nicht mit ihm freuen wollten. All die frommen, grauen, biederen Gotteskinder schüttelten ihren Kopf, wenn Jesus sein buntes Fest feierte mit den Gefundenen.

Keiner muss ein Fest feiern. Feste sind überflüssig. Wie aber, wenn Gott ein Gott des Überflusses ist? Schöner wird Gott kaum woanders erlebt als dort, wo seine Engel Feste feiern. Amen.

42. *Die hartnäckige Witwe*

> «Verschaffe mir Recht gegenüber
> meinem Gegner!»

Lukas 18,3

Wie viel Tausende von Gebeten steigen wohl jeden Tag
von der Erde zum Himmel, wie viel Seufzer und Klagen,
Bitten und Wünsche dringen jeden Tag an Gottes Ohr?
Man denke an all die innigen Gebete der Kinder, die ihre
kleinen und grossen Sorgen Gott anvertrauen, man denke an die flehenden Sätze der Alten und Kranken, die keine Besserung sehen, und man denke an die Schreie der
Verzweifelten, die es noch einmal mit Gott versuchen
möchten. Wäre jedes der Gebete ein Ton, dann müsste
eine gewaltige Welle von Tönen gegen den Himmel schlagen: Die Sehnsucht der Menschen, die Not bahnt sich ihren Weg hinaus aus den Herzen hin zum Schöpfer des Alls.

Und immer wieder lassen sich Menschen finden, die
ergriffen berichten können, wie ihr Gebet erhört worden ist. Tief sind sie überzeugt davon, dass Gott sie gehört hat. Was ihnen widerfahren ist, deuten sie als von
Gott geschickt. Im Beten wächst ihr Glaube und sie fühlen sich gehalten.

Auch das ist zu hören, dass andere nicht minder ernst
gebetet haben, aber dass nichts geschah, was der tiefen
Bitte entsprochen hätte. Die Krankheit wollte nicht wei-
chen, der Streit liess sich nicht beheben. Und oft fühlen sich diese Menschen von Gott verlassen und sie beginnen zu zweifeln.

So ist es heute und so war es früher. Solange es Menschen gibt, wird es Not und Wünsche geben, solange

es Menschen gibt, werden sie in ihrer Not beten, und sie werden Erhörung finden oder enttäuscht sein. Das war auch in biblischen Zeiten nicht anders.

Wohl zu den Enttäuschten hat damals Jesus gesprochen. Für sie hat er dieses Gleichnis der hartnäckigen Witwe erfunden. Sein Vertrauen zu Gott war unerschütterlich, aus diesem Vertrauen heraus wuchsen die Bilder des Gleichnisses.

Unbekümmert, hartherzig, willkürlich: So kam den Enttäuschten Gott vor, wenn sie denn überhaupt noch an einen Gott glaubten. Nun denn: Im Gleichnis erscheint ein wirklich unbekümmerter, willkürlicher Richter, von dem nichts Gutes zu erwarten ist. Was für eine Chance hat da ein schwacher Mensch? Und die Enttäuschten kamen sich schwach vor, nicht ernst genommen, dem Schicksal ausgeliefert. Nun denn: Im Gleichnis erscheint diese Witwe, der Recht nicht gewährt wurde, obwohl sie im Recht war, die keine Hilfe erhielt, obwohl sie Hilfe brauchte. Diese Witwe vor diesem Richter: Ungleicher könnte das Paar nicht sein. Da fängt die Witwe nun an mit ihrem stets gleichen Satz: «Verschaffe mir Recht gegenüber meinem Gegner!» «Verschaffe mir Recht gegenüber meinem Gegner!» Immer wieder bestürmt sie den Richter mit diesem einen Satz, den Richter, der kein Herz hat.

Jesus muss das mit Witz erzählt haben. Dass es dieser machtlosen, aber hartnäckigen Frau gelang, den unbekümmerten Richter dazu zu bringen, sich kümmern zu müssen: Das ist der stets tief erheiternde Sieg des Kleinen über den Grossen. Auch wenn der Richter mitnichten Erbarmen empfand mit dieser Frau, sondern nur die lästige Störung weghaben wollte, was tut's, die Frau bekam ihr Recht.

Herrlich, wenn es mitten in einer so ungerechten Welt gelingt, mit den Mitteln der Welt der Ungerechtigkeit ein Schnippchen zu schlagen! So was erzählte Jesus seinen Leuten gern. Dabei war er davon überzeugt, dass über dieser ganzen Ungerechtigkeit eben doch ein gütiger Vater wachte, den man bewegen konnte. Eben kein Richter ohne Herz, der nur seine Ruhe will. Nein, ein guter Gott. Und da konnte nun Jesus den Enttäuschten ins Herz sprechen: Lasst nicht locker mit eurem Gebet! Wenn schon dieser Richter sich bewegen lässt, wie viel mehr dann unser Gott, dessen Kinder ihr seid. Schüttet euer Herz vor ihm aus, sagt ihm, was euch bedrückt, und bittet um das, was ihr braucht.

Ich stelle mir vor, dass es Jesus gelungen ist, den Enttäuschten neues Vertrauen zu schenken, dass sie wieder und wieder Gott zu bitten begannen. Und ich stelle mir vor, dass auch Gott – schon seinem Sohn zuliebe – sich bewegen liess.

Und doch hätte ich mich gerne zu Jesus gesetzt, um ihm ein paar Fragen zu stellen, im Vertrauen darauf, dass wer bitten darf, doch auch fragen darf. Denn irgendwie stellen sich meine Fragen quer zum Bitten, und wer hätte sie mir nicht schlüssiger beantworten können als Jesus?

Was ich fragen möchte? – Zunächst dies: In deinem Gleichnis weiss die Witwe, dass sie im Recht ist. Wenn ich um etwas bitte, bin ich mir nicht immer sicher, ob ich damit im Recht bin. Sollte ich da nicht erst prüfen, ob mein Bitten nicht bloss Frucht der Eigensucht ist? Denn Gott ist doch nicht einfach der Erfüller meiner Wünsche. – Oder das: Wenn doch Gott mich kennt und schon weiss, was ich nötig habe, bevor ich noch den Mund öffne, weshalb sollte er denn warten auf mein Flehen? Ist denn das Beten wie das Bitte-Sagen bloss noch Akt der Höflichkeit? Hilft denn Gott nicht aus freien Stücken – eben im Unterschied zum Richter? Er hat mich doch lieb, sagst du, also spürt er doch, was ich brauche, ohne dass ich ihn bitte. – Und noch ein Drittes beschäftigt mich, etwas, was ich dich erst später hätte fragen können: Wo war denn Gott auf deinem letzten Weg, du hattest ihn gerufen und er – hatte er dich verlassen? Ist es denn so klar, dass uns übrigen Menschen solches erspart bleibt? Würdest du auch jetzt noch dieses Gleichnis so erzählen?

Du überlegst zu viel, würde er wohl antworten. Und vor lauter Fragen tust du das eine nicht, was helfen könnte: Du betest nicht. Versuche es doch und vertrau darauf, dass ich dir helfe. Denn das weisst du doch bestimmt: Ich bin nicht wie jener Richter.

Liebe Gemeinde, ich glaube nicht, dass jene hartnäckige Witwe je gelebt hat. Sie ist der Fantasie Jesu entsprungen. Aber sie ist wirklich hartnäckig, diese Witwe. Ihr Satz hat zu leben begonnen, und er lässt einen nicht los: «Verschaffe mir Recht gegenüber meinem Gegner!» Mag nun der Gegner ein Mensch, eine Krankheit, eine Schuld oder was auch immer sein. Dieser Ruf, in den ich einstimme, reiht mich ein in den Chor derer, die ihre Not hinausrufen und um Recht bitten. Er stachelt an, es noch einmal und immer wieder zu versuchen: nicht bloss Menschen gegenüber, sondern Gott gegenüber, damit Gerechtigkeit geschieht.

Der Ruf der Witwe bleibt uns im Ohr. Tun wir's ihr gleich: Bleiben wir Gott im Ohr! Jesus will es so. Amen.

43. *Die Samariterin*

«Kommt, da ist einer, der mir alles
gesagt hat, was ich getan habe. Sollte
dieser gar der Christus sein?»

Johannes 4,29

Da ist eine Stadt und da ist ein Brunnen draussen vor
der Stadt, und das Wasser im Brunnen draussen ist viel
besser als das Wasser in der Stadt; es ist frisch und
kommt aus der Tiefe. Und da ist eine Frau und die will
das bessere Wasser, deshalb geht sie mit ihrem Krug hinaus zum Brunnen.

Da ist diese Frau und da ist ihre Geschichte. Sie hatte einen Mann bei sich. Aber draussen war ein anderer
Mann, viel besser als der bei ihr, frisch und tiefer. Also
holte sie ihn zu sich herein. Und dann war wieder ein
anderer draussen und noch einer und noch einer. Sobald einer bei ihr war, hielt sie es nicht aus und ging
wieder hinaus. Eine Frau, die nicht zur Ruhe kommen
kann, eine Frau auf der Suche. Das ist ihre Geschichte.
Nun geht sie wieder hinaus, nicht wegen des Mannes,
sondern wegen des Wassers. Aber da sitzt beim Wasser
ein Mann, ein Fremder, einer aus Galiläa. Wieder einer
draussen, frisch und tiefer.

Frisch? – Nein, er ist ermattet und hat Durst, doch
das Wasser liegt tief und er hat kein Schöpfgefäss. Das
ist – die Frau spürt es gleich – eine Gelegenheit wie gewünscht, um mit dem Mann ins Gespräch zu kommen.
Schüchtern ist die Frau nicht. Es gefällt ihr, da draussen mit dem Mann allein.

Und da sind wir – in unserm Dorf, das eine Stadt ist. Wir mit der Flasche Valser im Kühlschrank und dem Rhäzünser im Keller. Ein Gang nach draussen ist nicht nötig. Da sind wir mit unserer Geschichte. Erfüllt die einen, auf der Suche die andern. Aber nun sind wir alle hier, also draussen, nicht daheim, ein bisschen doch auf der Suche. Und hier, nicht im eigenen Zimmer, treffen wir auf die Frau und auf den Brunnen. Wir treffen auf die Unruhe der Frau, auf das frische und tiefe Wasser unten im Brunnen, und wir treffen auf den durstigen Mann.

Es ist nicht schwer, mit einem Dürstenden ins Gespräch zu kommen. Er leidet Not und braucht uns, er ist unser Nächster und das öffnet unsern Mund. Kein Grund, schüchtern zu sein, da thront keiner erhaben über uns.

Wir, wir sind gekommen, um zu beten und zu bitten. Und wir treffen auf einen, der bittet – nicht auf irgendeinen. Wer hat nun das Schöpfgefäss? – Wie, wenn Gott als Bittender in unser Leben träte, als Durstender uns Suchende bäte, mit unserm Schöpfgefäss seinen Durst zu stillen?

Sie reden miteinander, der Mann und die Frau am Brunnen. Sie reden und reden und kommen immer tiefer, tiefer als das Wasser im Brunnen, sie kommen bis zum tiefen Durst der Frau, bis zur Quelle ihrer Ruhelosigkeit.

Man kann nicht gut Zeuge dieses Gesprächs sein, ohne in die Tiefen der eigenen Ruhelosigkeit zu blicken. Oder mindestens: ohne zu fragen, ob nicht hinter vielem eigenen hektischen Treiben ein Suchen der Seele verborgen ist, die nicht ruht, bis sie ihren Durst löschen kann. Da eile ich von Mensch zu Mensch, von

Erlebnis zu Erlebnis, von Gespräch zu Gespräch, aber zur Ruhe komme ich kaum. Da ist diese Frau und da bin ich, und ich frage mich: Bin ich diese Frau? Und es geht nicht mehr um den Durst dieses Mannes, sondern es geht um den Durst der Frau, um den nicht zu stillenden Durst der Frau – und es geht um mich. – Wer hat nun das Schöpfgefäss?

Es mag sein, dass der Mann zunächst in die Tiefe des Brunnens geschaut hat, um nach dem Wasser zu schauen. Aber jetzt hat er plötzlich in die Tiefe der Seele dieser Frau geschaut, bis zum Grund ihrer Unruhe, nicht forschend und richtend, sondern feststellend und verstehend. Ja, so ist es bei dir: Du dürstest nach einem Wasser, aus tiefster Seele dürstest du nach einem Wasser, das nicht in diesem Brunnen ist.

Die Frau fühlt sich durchschaut, oder sagen wir besser: Sie fühlt sich erschaut. Oh, das geht tief, wenn einer da ist und etwas, das man ständig mit sich herumträgt, einfach spürt und in Worte fassen kann, in Worte, nicht in Urteile. Erkannt fühlt sich die Frau. Es ist, als hätte sie den Blick Gottes gespürt.

Da eilt die Frau in die Stadt. Das kann sie nicht für sich behalten. Und sie sagt zu den Leuten: «Kommt, da ist einer, der mir alles gesagt hat, was ich getan habe. Sollte dieser gar der Christus sein?»

Der Mann hat nicht zu uns gesprochen, und doch waren wir dabei bei dem Gespräch, und wir wussten nicht, ob wir selbst die Frau waren. Fühlen wir uns erschaut? Es gibt sie, diese Sätze, die mit einem Strahl unser Innerstes ausleuchten, diese Sätze, die in verborgene Schuld hineinreichen, hinein in all das Verschüttete und Verdeckte unserer Seele. Es gibt sie, diese Sätze, die uns so erkennen, wie uns nur Gott selbst erkennen kann.

Uns, die wir so gern zur Ruhe kämen und durch unsere Unruhe so manches durcheinander bringen.

Sollte dieser gar der Christus sein? – Wer den Blick Gottes gespürt hat, wer sich erkannt fühlt, dem ist, als sei ihm ein Engel begegnet oder mehr als ein Engel, gar Gottes Sohn. Ein durstiger Mann am Brunnen ohne Schöpfgefäss – Gottes Sohn.

Die Leute folgten der Frau und gingen hinaus zum Brunnen und sprachen zum Mann. Sie wollten noch länger reden und sie nahmen ihn herein in die Stadt, und er blieb zwei Tage. «Er ist der Retter der Welt!», sagten sie zum Schluss. Nicht, weil die Frau es gesagt hätte, sondern weil sie selbst mit ihm geredet hatten. Die Frau aber – so wollen wir annehmen – die Frau war zur Ruhe gekommen.

Da ist dieser Mann am Brunnen, dürstend und allein, ohne Schöpfgefäss. Und – da bin ich, innerer Unruhe voll. Wird es zum Gespräch kommen zwischen uns. Werde ich mit meinem Schöpfgefäss helfen, den Durst der Welt zu stillen, damit er mit seinem Wort den Durst der Seele stillen kann? Es braucht seine Zeit für das Gespräch zwischen ihm und mir, es braucht seine Zeit für das Gebet. So mögen die Jünger noch etwas in der Stadt verweilen, bevor sie uns stören.

Denn da ist ein Quell des Lebens. Amen.

44. *Die Ehebrecherin*

«Keiner, Herr.»

Johannes 8,11

Was sind das für Menschen, die eine beim Ehebruch ertappte Frau in den Tempel schleppen, sie in die Mitte stellen und von Jesus hören wollen, dass sie zu steinigen sei – was sind das für Menschen? Männer sind es, gelehrte, sich mit der heiligen Schrift beschäftigende, sich für die Moral des Volkes verantwortlich fühlende Männer sind es, denen dieser Jesus viel zu nett und lieb vorkommt.

So viele Männer – und eine Frau in der Mitte. Seltsam, zum Ehebruch gehören doch zwei: Wo ist denn der Mann? Den hat man nicht greifen können – etwa nicht greifen wollen, weil doch die Frau die Versucherin ist, gegen die die Männer sich wehren müssen?

Jesus will von dieser Geschichte nichts wissen: Er bückt sich und schreibt in die Erde, als ginge ihn die Welt um ihn herum nichts an.

Aber die Männer, die alten, die sind doch im Recht, im Recht, das sie gemacht haben. Und die Frau weiss es: Steinigung ist die Strafe für Ehebruch, daran ist nicht zu rütteln, denn die Ehe soll heilig sein; ihr Bund wird mit heiligem Ernst gehütet.

Nun ist da einer gekommen, der es mit dem Gesetz offenbar nicht so genau nimmt, einer, der offene Arme hat, viel zu offene, für manches Gesindel, für Menschen, die dem Teufel vom Karren gefallen sind, für Ausländer und Verbrecher. Und das Volk lässt sich verführen von ihm, liegt ihm zu Füssen und meint, das

Himmelreich sei ohne Arbeit, ohne strenge und moralische Arbeit zu haben.

Jetzt soll er Farbe bekennen: Meint er es ernst mit dem heiligen Gesetz oder pfeift er darauf und damit auf jede Moral? Jetzt wollen wir es wissen.

Aber Jesus will es nicht wissen, er lässt sich nicht stören und schreibt in die Erde. Seine Moral steht auf dem Spiel, und er bückt sich und schreibt.

So geht das nicht: Die Schriftgelehrten und Pharisäer wollen es wirklich wissen, jetzt soll er sich stellen: Ist er für Gott und dessen strenges Gesetz oder scheut er sich davor, konsequent zu sein? Jetzt wird nicht geschrieben, sondern geredet!

Und Jesus redet: Endlich hat er sich aufgerichtet und blickt die Männer an und sagt nur einen Satz: «Wer unter euch ohne Sünde ist, werfe als erster einen Stein auf sie!»

Es muss still geworden sein im Tempel in diesem Moment, unheimlich still. Die Frau war noch in der Mitte; alle hatten an sie gedacht und sich voller Abscheu gesagt, was für ein Mensch sie sei. Und die Männer wollten wissen, welch ein Mensch dieser am Boden kauernde Jesus sei. Aber keiner hatte bisher daran gedacht, zu fragen, was für Menschen diese Männer seien, und sie selbst am wenigsten. Doch jetzt waren sie gefragt: «Wer unter euch ohne Sünde ist...»

Es gäbe weiss Gott viele Pharisäer und viele Schriftgelehrte in unserer Welt und besonders in unserem Land, die sich eine solche Frage nicht gefallen liessen. Lauthals würden sie aufbegehren und diesen kauernden Jesus beschimpfen und die gerechte Strafe fordern und alles andere als geschützte Privatsphäre erklären, die niemanden etwas angehe.

Es spricht für die Männer unserer Geschichte, dass sie so nicht reagierten. Vielleicht spricht es auch für den Ernst, mit dem Jesus diesen einen Satz sagte. Er traf ins Herz und berührte die Seele. Die Männer dachten an sich, sie waren fromm und sie kannten das Gesetz und sie wussten genau, wo sie gefehlt hatten.

Sie nahmen nicht mehr wahr, dass Jesus längst wieder am Boden schrieb, sie vergassen die Frau, sie dachten an sich und betroffen verliessen sie, einer nach dem andern, den Tempel.

Hat Jesus das kommen sehen? Fast erstaunt richtet er sich auf und fragt, wo denn alle seien: «Hat dich keiner verurteilt?» – «Keiner, Herr.» Das ist der einzige Satz in dieser Geschichte, den die Frau sagt: «Keiner, Herr.»

Was liegt da für ein ungläubiges Staunen in diesen beiden Wörtern! Eben noch war sie hergezerrt worden, an den Pranger gestellt, mit verachtenden Blicken schon fast getötet – und nach einem Satz dieses Jesus geht einer um den andern kleinlaut weg. Keiner dieser Gesetzestreuen hat sie verurteilt, obwohl das Gesetz doch klar war. Kein Stein hat sich bewegt, nur die Herzen. Es ist ein ergreifender Satz dieser Frau. Keiner ist da, der ihr böse wollte, keiner ist da ausser dem einen, dem Herrn. Der inneren Logik dieses Satzes entspricht ein «Wir alle, Herr!»: Wir alle haben gefehlt, keiner ist ohne Schuld.

Es sind solch widerliche Geschichten, wenn Menschen in heiligem Eifer mit Fingern auf Schuldige zeigen, wenn sie deren Namen veröffentlichen, sie an den Pranger stellen und zur Rache aufrufen. Es ist so widerlich, wenn Menschen ihre ganze Niedertracht in ein Opfer hineinprojizieren und nach Gerechtigkeit schreien und nicht merken, wie sehr es ihre eigenen Schatten sind, die sie selbstgerecht bekämpfen. Und so widerlich hat unsere Geschichte begonnen – mit lauter Männern und einer Frau.

Aber unsere Geschichte hat eine gute Wendung genommen. Das Wunder gelang, dass Menschen sich getrauten, eine Weile lang sich selbst zu betrachten: Einsicht gelang und das harte Verurteilen wich der Betroffenheit der eigenen Seele. Das hat mit Nettigkeit nichts zu tun, wohl aber etwas mit Liebe und viel mit Selbsterkenntnis und Fairness.

Was aber, wenn auf dieser Welt keiner mehr richtete; «keiner, Herr»? Es wäre schade, wenn man mit einer solchen Frage zu schnell sich um die Wirkung unserer Geschichte brächte. Aber sei's drum: Natürlich braucht es Richter in einer Gemeinschaft, natürlich braucht es auch Verurteilung und Strafe. Aber zu richten ist Pflicht der dafür Beauftragten; das hat mit Selbstgerechtigkeit, so will ich hoffen, nichts zu tun. Und keinem Richter stände es schlecht an, wenn man seine Betroffenheit spürte.

Aber wir – wir sind nicht zu Richtern übereinander bestellt. Wir kennen einen andern Umgang miteinander und wir folgen einem Herrn, der uns sagt: «Auch ich verurteile dich nicht. Geh, und sündige von jetzt an nicht mehr!» Amen.

45. Marta

> «Ja, Herr, jetzt glaube ich, dass du der
> Christus bist, der Sohn Gottes, der in
> die Welt kommt.»

Johannes 11,27

Dass für ein Kind ein gefundenes Osterei eine ganz erfreuliche Sache ist, das ist klar. Dass für ein Schlecker-
maul ein Schokoladenhase eine herrliche Überraschung
ist, auch das ist klar. Nur: An einem Ostersonntag gäbe
es eigentlich noch etwas anderes zu feiern als Ostereier
und Osterhasen. Inwiefern die Auferstehung Jesu für
uns eine erfreuliche Sache ist, das ist manchen nicht so
klar.

Sieg des Lebens über den Tod, sagen einige. Schon,
aber gestorben wird nach wie vor, und nicht immer ist
der Tod ein sanftes Entschlafen. Manchmal gebärdet er
sich wie ein grausamer Herr.

Also Grund für die Hoffnung auf ein Jenseits,
ein Leben nach dem Tod, sagen andere und sehen den
Tod bloss als Übergang. Schon, aber wie nah ist solche
Hoffnung einem einfach nicht enden wollenden Egoismus? Wo lernt denn ein Christ in der Nachfolge Jesu,
sein Leben hinzugeben, ohne es behalten zu wollen?

Wir stopfen vielleicht den Mund nicht mit Eiern und
Schokolade, aber wir stopfen die hungrige Seele mit
dem Versprechen auf ein himmlisches Leben. Ist das gemeint mit der Freude über die Auferstehung?

Ich habe für den heutigen Ostersonntag Marta ausgewählt, weil mich gepackt hat, was sie sagt. Vielleicht

hilft Marta uns, die Sache mit der Auferstehung noch einmal etwas anders anzusehen.

Marta kennen wir eigentlich als die dienstfertige Frau, die sich ärgert, dass sie die ganze Arbeit macht, während ihre Schwester Maria bloss dasitzt und zuhört. Marta, der klassische Name aller dienstfertigen Frauen, der Urname der Diakonie. Und wohl alle Frauen tragen etwas von dieser Marta in ihrem Herzen und manchen ist auch der Ärger nicht fremd über die andern, die einfach dasitzen und zuhören können und die Arbeit nicht sehen. Ja, zwei Seelen sind es oft in derselben Brust, Marta und Maria, und man weiss nicht: Ist es nun Zeit zum Arbeiten und Dienen oder Zeit zum Sitzen und Lauschen. Und eigentlich wüsste ich nicht, dass es im Herzen der Männer so anders wäre.

So kennen wir die beiden Schwestern aus dem Lukasevangelium (Kapitel 10). Bei Johannes aber überrascht uns eine ganz andere Marta, diesmal nicht mit vielerlei beschäftigt, sondern in ihrer Trauer um den verstorbenen Bruder auf Jesus hörend, ganz und gar hörend. Marta, der erste Mensch, der nach Johannes ein volles Bekenntnis zu Jesus sagt. Sie findet die Worte für das, worum es geht. Sie hat als erste Klarheit gefunden. Maria und alle anderen, Petrus und all die Bischöfe, Paulus und all die Theologen könnten es von dieser ersten Frau lernen. – Oder meinetwegen von Johannes, der diese Frau so reden lässt.

Das alles geschieht nicht unter dem Kreuz, auch nicht am leeren Grab, sondern vorher, auf dem Weg zum Grab des Lazarus. Und es geht nicht darum, dass Jesus auferstanden ist, sondern es geht darum – ja, worum geht es eigentlich? Es geht darum, dass Jesus die Auferstehung ist.

Spüren wir den Unterschied? Jesus sagt nicht: Ich werde auferstehen, sondern er sagt: Ich bin die Auferstehung. Und das hat offenbar Marta verstanden. Nicht das ist entscheidend, was mit Jesus geschieht, sondern allein das, wer er ist. Und wer er ist, das zeigt sich nicht in einer nahen oder fernen Zukunft, auch nicht am jüngsten Tag, sondern das zeigt sich in einer jeden Begegnung mit ihm.

Er ist die Auferstehung, also die schöpferische Kraft, die Tod zum Leben verwandelt. Genau das hat Marta verstanden. So kommt es – genau in der Mitte des Evangeliums – zu diesem entscheidenden Satz.

«Du bist der Christus,» sagt sie, der Gesalbte, auf den jede Seele wartet, weil er Gerechtigkeit und Frieden und Liebe bringt. «Du bist der Sohn Gottes,» sagt sie, weil in der Begegnung mit ihm Gottes Schöpfermacht spürbar wird.

Und am packendsten ist wohl die Umschreibung: «Du bist der, der in die Welt kommt.» Da kehrt sich unser Verständnis von Auferstehung um. Weil wir die Toten auf unserer Welt nicht mehr sehen, denken wir uns, wer am Leben Gottes nach dem Tode teilhabe, sei im Jenseits, also aus unserer Welt hinausgenommen, hinausgenommen in eine andere Welt. Christus aber kommt als Auferstehung in unsere Welt hinein.

Diesmal geht es nicht um eine Hoffnung auf das Jenseits, nicht um die Frage, was mit uns geschieht, wenn wir gestorben sind; es geht allein um den Eindruck, den die Begegnung mit diesem Jesus macht. Da bricht eine Wahrheit wie vom Jenseits her in unsere Welt herein. Sie kommt, kommt hinein in jedes Dunkel, kommt bis zu mir und packt mich als Kraft der Auferstehung. Nicht, wenn ich einmal sterbe, nicht am jüngsten Tag, sondern jetzt.

Das ist ein Osterfest, wie es der Marta des Johannes entspricht. Dass da eine Kraft ins Leben kommt, die Unglaubliches in Bewegung setzt, das zeigt dann die Geschichte des Lazarus. Und dass genau an dieser Stelle das entscheidende Bekenntnis fällt, ist kein Zufall. Denn was könnte Jesus Grösseres von sich sagen als: Ich bin die Auferstehung.

Was ist es denn, was diese österliche Kraft des Christus ausmacht? Was bricht denn so jäh in unsere Wirklichkeit, was nicht längst schon da wäre? Ach, vielleicht ist es längst schon da, schliesslich soll ja der Vater dieses Jesus die Welt geschaffen haben. Aber manchmal dauert es lange, bis etwas, was da ist, auch bis in unser Herz dringt.

Gottesnähe, Menschenliebe: So mag man die österlichen Gaben nennen, einfach, wenig spektakulär in den Augen der Welt. Aber von unbändiger Kraft im Herzen der Menschen, die sich öffnen, wenn dieser Christus zu ihnen spricht.

Wie aber, wenn ich all das Ostergeläut höre und die guten Worte auch, aber ich nicht wie Marta den Glauben finde? Soll ich ihn suchen wie das versteckte Osterei oder den Hasen im Gebüsch? Wer sucht, der findet, das stimmt. Aber dieses eine Mal wollen wir Christus suchen lassen. Er ist es, der in die Welt kommt, und er sucht uns Menschen. Und er schickt seinen Geist, vom Himmel her auf die Erde. Er weiss, wann die Stunde kommt, in der wir gefunden werden. Er weiss, wann es Zeit ist für unsere Auferstehung. Amen.

46. Maria Magdalena

«Sie haben meinen Herrn
weggenommen, und ich weiss nicht,
wo sie ihn hingelegt haben.»

Johannes 20,13

Da weint Maria Magdalena am leeren Grab. Sie hat sich
in den Tagen der Kreuzigung nicht versteckt, sie ist auch
nicht geflohen. Sie ist am Ort des Schmerzes geblieben.
Und auch wenn sie weiss, dass ihr Herr tot ist, will sie
ihm wohl noch einen letzten Liebesdienst erweisen: Der
tote Körper ihres Herrn bedarf der Pflege.

Die Männer waren nicht mehr zu sehen, vielleicht der
eine noch, der Liebling Johannes, aber sonst war die Sache abgeschlossen für die Jünger, jäh abgeschlossen. Wenn
jemand einmal tot ist, dann lässt man ihn am besten, wo
er ist, und wendet sich dem Leben zu, verbittert, auf die
Zähne beissend, tapfer, ohne Tränen. Maria Magdalena,
die Frau, versteht sich auf die Liebe. Und die Liebe sucht
den Leib, solange er lebt. Sie sättigt ihn und pflegt ihn,
sie salbt und schenkt Zärtlichkeit. Jede Liebe tut das, bisweilen mit grosser Zurückhaltung, manchmal mit grossem Ungestüm.

Solange der Leib da ist und man ihm einen Dienst der
Liebe erweisen kann, findet die Liebe ihr Ziel. Für die Liebe bedeutet auch der Tod noch kein Ende der Arbeit. Mit
Hingabe nimmt sie sich des toten Körpers an und weiss
sich noch einmal ganz hinzugeben für den Menschen, den
sie in ihr Herz geschlossen hat. Sollte sich darauf nur Maria, die Frau, verstanden haben?

Wer sorgt sich denn um die Verstorbenen? Wer wäscht sie und legt sie zurecht, wer verrichtet diesen letzten Liebesdienst mit einer Selbstverständlichkeit, die aus der Liebe kommt? Sind es immer noch die Frauen – die Frauen und hie und da ein Mann? – Der Arzt verschwindet, wenn der Patient gestorben ist, und die Schwester kommt.

Maria Magdalena ist gekommen, voller Liebe ist sie gekommen – zum Grab, wo der Leib hätte liegen sollen. Aber er ist nicht da. «Sie haben meinen Herrn weggenommen.» Da sitzt sie nun, die Liebe, und findet nicht, was sie sucht. Die Liebe, die durch die Hände hätte wirken können, findet nichts, was die Hände hätten berühren können. Das tut weh. Das ist bitterer als der Tod. Jetzt erst, da sie selbst nicht helfen kann, ist Maria hilflos geworden. Und sie weint.

Was Maria Magdalena hier sagt, ist ein Satz der hilflos gewordenen Liebe. Sie möchte anklagen, aber sie weiss nicht wen. Es ist schwer, wenn man nicht weiss, an wen man sich wenden soll. Wer sind sie denn, diese «sie», die den Herrn weggenommen haben? Die Liebe fühlt sich so ohnmächtig, wenn sie nicht weiss, gegen wen sie klagen kann. Und Maria weint um ihren Herrn. «Meinen Herrn» – eine Verbindung von Zartheit und Respekt schwingt mit in diesem Ausdruck. Der, den sie sucht, gehört ihrem Herzen und ist doch der Herr: ihr Herr. Aber wie kann er es sein, wenn er weggenommen ist, von unsichtbarer Hand weggenommen?

Nun müsste sie suchen, aber sie weiss nicht wo. Während sie beim leeren Grabe sitzt, irrt ihr Herz umher. Unruhig ist es in ihr, denn ihm ist entzogen, woran es hängt. «Ich weiss nicht, wo sie ihn hingelegt haben.» Wer vermöchte solche Tränen nicht zu verstehen!

Es ist ein unser Herz bewegendes Bild: Maria Magdalena, die aus Liebe ihren Herrn so sehr sucht und ihn nicht findet. –

Maria, du findest ihn nicht, weil du ihn so sehr suchst. Du suchst und suchst und hast Augen und Herz so sehr auf den Leib gerichtet, dass du nicht siehst, was vor dir ist. Merkst du nicht, dass du zu zwei Engeln sprichst, siehst du ihr Weiss nicht? Hörst du ihre Worte nicht? Du wendest dich ab, und erkennst nicht, wer vor dir steht. Er ist da, den du suchst, längst schon ist er da, aber noch sind deine Augen und dein Herz durch den Leib gebunden, den deine Hände fassen wollen. «Maria!» – Kann erst dein Name, der in dein Herz dringt, deine Augen öffnen? Nein, brauche jetzt nicht deine Hände, dieser Leib gehört nicht dir. Ja, Jesus ist da, aber ganz anders, als du ihn suchst. Er ist da und zugleich deinen Händen entzogen.

Du selbst, Maria, musst deine Liebe verwandeln. Lass den Leib deines Herrn, lass ab mit deinen Händen; er ist nicht mehr für sie bestimmt. Höre, wie er deinen Namen ruft, höre auf sein Wort, und öffne deine Hände nicht für ihn, aber für die Menschen, die sie benötigen.

Maria, nicht dein Herr ist er fortan – unser aller Herr ist er. Du bist der Glücklichen eine, die mit eigenen Händen das ewige Wort berührten, als es Fleisch geworden war. Trockne nun deine Tränen, wenn deine Hände nichts zu berühren finden, und lass das Fleisch ewiges Wort werden. Lass gut sein, dass alles vollbracht ist.

Nein, Maria, nicht «sie» haben deinen Herrn weggenommen. Gott selbst hat es getan. Sieh doch, es sind Engel, die dir das sagen wollen; und sieh, er selbst sagt es dir. Lass ihn ziehen, lass ihn zu seinem Vater ziehen und lass ihn so in deiner Nähe sein.

Liebe Gemeinde, wer sich in seinem Herzen hat berühren lassen vom klagenden Satz der Maria Magdalena, der kann nicht erwarten, dass er in Jubel ausbricht, wenn er die Botschaft von Ostern hört. Auch Maria hat danach nicht gejubelt; nur langsam fand sie sich in diese Veränderung. In ihr selbst, in ihrem Herzen musste sich etwas verwandeln. Das ist schon so bei jedem Tod eines nahen Menschen. Bei diesem Menschen brauchte es die ganze Kraft des Heiligen Geistes. Es braucht einen himmlischen Tröster, wenn unser Herr unsern Händen entzogen ist. Aber was können nicht unsere Hände alles tun, wenn unser Herz erfüllt ist von der Nähe des himmlischen Herrn! Amen.

47. *Saphira*

«Ja, für so viel.»

Apostelgeschichte 5,8

Das war gelogen. Für «so viel» hatte Saphira ihr Grundstück nicht verkauft, sondern für ein Gutteil mehr. Sie war mit ihrem Mann Hananias übereingekommen, einen Teil des Erlöses für sich zu behalten und nur den Rest den Aposteln zu bringen. Petrus aber wollte es genau wissen: «Sage mir: Habt ihr das Grundstück für so viel verkauft?» – «Ja, für so viel.» – Das war ein verhängnisvolles Ja.

Zahlen sind nicht elastisch, sie sind von unbarmherziger Eindeutigkeit: Entweder stimmen sie oder sie sind falsch. Saphira wusste, dass die Zahl nicht stimmte. Sie log, weil sie es so mit ihrem Mann ausgemacht hatte. Aber eine Zahl wird nicht wahrer, wenn sie von zweien behauptet wird, eine Lüge nicht geringer, wenn sie einer Abmachung entspricht.

Ich hasse es, wenn Menschen lügen. Das hängt mit meiner Ehrfurcht vor der Sprache zusammen. Worte und Sätze sind für mich so etwas wie Nahrungsmittel. Mit unsern Worten ernähren wir uns gegenseitig. Von Worten lebt unsere Seele, mit den Worten schenken wir Wahrheit und Liebe, Hoffnung und Vertrauen. Lügenworte sind wie vergiftete Nahrung. Wie kann ich essen, wenn ich nicht weiss, ob das Aufgetischte vergiftet ist? Wie kann ich zuhören, wenn ich nicht weiss, ob die Worte stimmen oder nicht? Wer Vertrauen gewinnen will, wem daran gelegen ist, dass ihm zugehört wird, der wird nicht lügen wollen. Wenn Menschen lügen, verliere ich die Lust, ihnen weiterhin zuzuhören. Es ist, als hätten wir uns nichts mehr zu sagen. Ja, ich hasse es, wenn Menschen lügen.

Gerade deshalb ist mir wichtig, nicht alles vom andern wissen zu wollen. Jeder hat ein Anrecht auf einen Bereich, den er nicht mit andern teilen will. Spüre ich, dass ich an den Rand dieses Bereiches stosse, stelle ich keine Fragen, denn ich will nicht den andern zum Lügen verführen. Jeder hat das Recht zu bezeichnen, was er nicht sagen will. Wer zu neugierig ist, muss sich nicht wundern, wenn er Lügen statt Wahrheit erntet. Gerade weil ich es hasse, wenn Menschen lügen, gestehe ich den andern das Recht zu, etwas nicht sagen zu müssen.

Saphira hat gelogen, und das hasse ich. – Aber darum geht es nicht in dieser Geschichte. Das mag mein Problem sein, aber es liegt nicht am Lügen allein, dass diese Geschichte so verhängnisvoll ausgeht. – «Du hast nicht vor Menschen, sondern vor Gott gelogen!», sagte Petrus zu Hananias. Das ist das Problem dieser Geschichte: «vor Gott gelogen». Dann geht es aber nicht um ein Täuschungsmanöver, um ein Irreführen Gottes. Denn Gott lässt sich nicht täuschen, er weiss ohnehin, was ich tue. So naiv war Saphira nicht, dass sie gedacht hätte, sie könnte Gott irreführen. – Nun, dann wäre es ja nur halb so schlimm. Wenn Gott ohnehin weiss, was ich tat, stiftet mein Lügen doch keinen Schaden. Ich tue ja keinem Menschen weh damit; im Gegenteil, den Hauptteil des Erlöses bringe ich den Bedürftigen der Gemeinde, und das ist weiss Gott mehr, als wenn ich das Grundstück gar nicht verkauft hätte. Also bin ich doch ein guter Mensch.

Der grosszügige Hananias und seine gute Saphira: beide wurden tot vom Apostel weggetragen. Was ist da geschehen? Am Schluss blieb eine Gemeinde in grosser Furcht zurück, keine, die frohlockte ob einer gerechten Strafe. Und es wird nicht ausbleiben, dass auch wir in Furcht geraten, wenn wir diese Geschichte verstehen. «Ja, für so viel», sagte Saphira. Das ist der einzige Satz, den wir kennen von ihr. Und er hat gereicht, dass das Verhängnis über sie hereinbrach. Dabei hatte alles so gut angefangen. Man hatte eine Heimat gefunden im Kreis dieser Christen, liess sich anstecken von der Grosszügigkeit mancher, die ihr ganzes Hab und Gut veräusserten, um die Armen zu unterstützen, man wollte sich nicht lumpen lassen, sondern mithelfen, man hatte ja auch ein Gut, man war sich einig, Mann und Frau, und veräusserte das Gut, schliesslich stand das Ende der Welt bald bevor. Ein bisschen vom Erlös tat man auf die Seite – man konnte ja nie wissen –, auch da war man sich einig, aber das brauchte niemand zu erfahren, denn das wäre kleinlich gewesen in den Augen der andern, nein, man wollte keinen Anstoss geben, und man brachte das übrige Geld dem Führenden der Apostel, man legte es Petrus vor die Füsse: den Erlös für das Grundstück.

Das alles ist so menschlich, so gut verständlich. Und nun sind beide tot, Hananias und Saphira. Und die Gemeinde ist erschreckt. «Ja, für so viel.»

Dabei hatte niemand ihnen befohlen, das Grundstück zu verkaufen. Es gab ja auch Christen, die ihren Besitz behielten, diese gehörten zu ihrer Gemeinde wie die andern. Sie hätten durchaus auch verkaufen und den Erlös halbieren können, die eine Hälfte der Gemeinde, die andere für sie selber: Hier ist die Hälfte des Erlöses für euch, hätten sie sagen können. Und die Gemeinde wäre ihnen dankbar gewesen. Das alles wäre möglich gewesen, gerade deshalb wirkt so erschreckend, was geschehen ist.

Und Lukas, der Verfasser der Apostelgeschichte, hätte diese Erzählung auch auslassen können; man braucht ja nicht all das Schreckliche zu berichten, das geschehen ist. Er hätte sie übergehen können, um ein heiteres Bild der ersten Christen zeichnen zu können – und niemand hätte sie vermisst und keiner hätte über sie gepredigt. – Aber Lukas hat sie nicht ausgelassen, diese Erzählung. Er wollte, dass sie nicht vergessen geht, er wollte, dass darüber gesprochen wird. Und deshalb tun wir es heute.

Saphira hat sich mit ihrem Mann in den Kraftbereich Gottes ziehen lassen. Das war es, was sie erlebten in dieser Gemeinschaft der Christen. Da war eine Kraft, die ihr Leben zu bestimmen begann, der sie sich anvertrauten, weil sie sie aus den Zwängen der Welt hinausführte. Sie hatten den heiligen Geist Gottes gespürt. Und sie lernten, sich ganz dieser Kraft anzuvertrauen. Heilvoll kann diese Kraft nur wirken bei offenem Herzen. Heilvoll nur dann, wenn auch die Zwiespältigkeit des Herzens offengelegt wird, auch der Egoismus, der Zweifel und die Unsicherheit. Für Gottes Geist ist die Sünde der Menschen kein Hindernis. Aber wenn ich einen Teil des Herzens zudecke, wenn ich mich dieser Kraft nicht ganz aussetzen will, dann wird sie zerstörerisch, weil die dunkeln Seiten meines Herzens nicht durchweht werden vom Geist und ich gleichsam zerrissen werde von der Kraft, der ich mich doch aussetzen will.

Die versammelte Gemeinde war das Kraftfeld Gottes. Wer dort so tat, als hätte er sein Herz geöffnet und doch die Hälfte bedeckte, der bekam die zerreissende Kraft des Geistes zu spüren.

Das ist es, was der Gemeinde mit Erschrecken bewusst geworden ist. Das Kraftfeld, in dem sie sich bewegte, war kein harmloses. Es konnte seine Kraft nur entwickeln, wenn diese Spannung entstand, die auch tödlich sein konnte.

Daran wollte Lukas erinnern. Bei aller Freude und allem Jubel sollte nicht vergessen gehen, dass die Kraft Gottes alles andere als harmlos ist. Sonst wäre zu fürchten, dass sie schnell verpufft. Wir tun gut daran, einmal auch dem Erschrecken Raum zu geben, um dann unser Herz zu öffnen, auch die ängstlichen und dunkeln Stellen unseres Herzens, die wir vor den Menschen so gern verborgen halten. Aber Gott wollen wir sie öffnen, damit seine Heil bringende Kraft uns ganz erreicht, damit sein Geist uns zum Leben erweckt.

Wofür kommt der Heilige Geist? – Für das ganze Herz. Ja, für so viel! Amen.

48. *Rhode*

«Petrus steht vor dem Tor!»

Apostelgeschichte 12,14

Da steht der arme Petrus draussen vor dem Hoftor und klopft und ruft, und die gute Magd weiss nichts Besseres zu tun als davonzulaufen, um aufgeregt im Hause zu verkünden, dass der gefangen geglaubte Jünger wieder frei sei. Rhode heisst die überglückliche Magd, Rösli hätte sie hierzulande früher geheissen. «Petrus steht vor dem Tor!», schreit sie ins Haus hinein.

Das kann vorkommen, dass man vor lauter Glück und Überraschung just das zu tun vergisst, was eigentlich am Platz gewesen wäre: das Tor zu öffnen. Und so muss Petrus weiter klopfen und rufen und versteht nicht, weshalb die Magd davongelaufen ist.

Es ist eine köstliche Szene. Drinnen im Haus, so heisst es, hätten sich Freunde von Petrus versammelt und gebetet. Es ist doch anzunehmen, dass sie für die Befreiung ihres Freundes gebetet haben. Und jetzt, da Rhode die Erfüllung ihres Gebetes lauthals verkündet, will es keiner glauben. Das muss ein eigenartiges Beten sein, das mit der Erfüllung nicht mehr rechnen will. «Du spinnst!», sagen sie zur aufgeregten Magd. Da hat Gott seinen Engel geschickt und Petrus aus dem Gefängnis befreit, aber die frommen Freunde meinen, Rösli sei von Sinnen – und der Jünger klopft an das Tor.

Mit Bedacht habe ich diese Geschichte für die Osterzeit ausgewählt. Denn für mich ist sie eine Geschichte, die das Licht von Ostern spiegelt: mitten unter Menschen, die sind wie wir. Sie erinnert an uns – und sie erinnert an jene erste Ostergeschichte. Da sind auch eine Maria und ein Johannes und andere mehr, die traurig sind, weil ihr Freund im dunkeln Verlies eines Gefängnisses schmachtet. Ein Herodes hat das so verfügt, ein Enkel jenes finsteren Gesellen, der schon in der Geburtsgeschichte Jesu die Rolle des Widersachers gespielt hatte. Was konnte von einem Herodes schon Gutes kommen?

Und ins Dunkel hinein kam ein Engel, der Bote Gottes, und brachte auf seine Weise die Befreiung. Wie im Traum hat es Petrus erlebt; erst als er frei war, merkte er, dass er nicht geträumt hatte. Aus dem Gefängnis auferstanden war der erste Jünger Jesu, dem Leben zurückgegeben. Und eine Frau, Rhode, war die erste Zeugin, und sie verkündigte es dem Kreis der Freunde.

Das gehört offensichtlich zu einer christlichen Gemeinde, dass sie im Licht von Ostern immer wieder neue Geschichten zu erzählen weiss, die die Bewegung jener ersten Geschichte widerspiegeln. Jetzt war Petrus ein Auferstehungszeuge ganz besonderer Art. An seinem eigenen Leib hatte er die befreiende Kraft des Engels erfahren.

Einer Welt, die voll ist von Todesgeschichten, sollen immer wieder solche Lebensgeschichten ins Herz hinein erzählt werden. Dabei ist nicht bei Petrus stehen zu bleiben. Zu jeder Zeit spiegelt sich das Licht von Ostern. Man muss es nur entdecken. Wenn wir Erwachsenen uns nicht mehr aufmachen, um versteckte Ostereier zu suchen, so könnten wir stattdessen solche Ostergeschichten in unserer Zeit, in unserem eigenen Leben aufsuchen und einander erzählen. Schade, dass es heutzutage kaum mehr ein Rösli gibt. Aber man kann ja auch anders heissen und aufgeregt einander berichten, was man an Wunderbarem erlebt hat.

Die Geschichten, die ich meine, werden von Dunkelheit berichten, von Krankheit, Not, von Gefangensein und Tod, von Schuld und Verzweiflung und immer wieder von eigener Schwäche. Und von einem Engel werden sie erzählen, auch wenn dem einen oder andern das Wort dafür verloren gegangen ist. Von einem Engel, das will heissen: nicht von der eigenen Kraft, von der eigenen Arbeit. Nein, von einer Kraft, die man erlebt, als käme sie von aussen. Gnade heisst das schöne alte Wort dafür. Und dann erzählen diese Geschichten von Befreiung, Erleichterung, von Vergebung und von Leben und Mut, von Vertrauen und Hoffnung. Wer solche Geschichten erlebt, wer sie erzählt und wer sie hört, ist Zeuge der Auferstehung.

Was nützte es, von jener ersten Auferstehungsgeschichte zu erzählen, wenn sie sich nicht spiegelte in unzähligen Facetten unserer Wirklichkeit? Die Kinder können mit ungeheurer Beharrlichkeit nach den Ostereiern suchen, weil sie darauf vertrauen, dass einer sie versteckt hat. Weshalb sollten wir nicht darauf vertrauen, dass in unserer Welt lauter Ostergeschichten versteckt sind?

Liebe Gemeinde, während wir über unsere Ostergeschichten nachdenken, klopft der arme Petrus immer noch an das Tor. Und Rhode, die Magd, beteuert den Betenden, dass es wirklich Petrus sei, der draussen stehe, nicht bloss sein Engel oder sein Geist. Da endlich wollen sie es wissen und machen das Tor auf und lassen ihn herein.

Was nützt denn die ganze Befreiung, wenn man Petrus draussen stehen lässt? Herodes ist immer noch da, die Wächter des Gefängnisses auch; bald genug hätten sie Petrus aufgegriffen und wieder festgenommen.

Endlich ist er im Haus drin und kann erzählen und seine Freunde zum Staunen bringen.

Wenn das denn eine Spiegelung der Ostergeschichte ist, sei mit Verlaub gefragt, ob wir, auch wenn wir nicht Rhode heissen, vor lauter Eifer den Auferstandenen draussen haben stehen lassen. Man kann ja – mit grosser Freude oder bloss aus Gewohnheit – ins Haus hineinrufen: «Jesus ist vor dem Tor, er ist auferstanden, wahrhaftig auferstanden!» – und zugleich dabei vergessen, das Tor nun auch zu öffnen und ihn hereinzulassen, herein ins eigene Haus, ins eigene Leben.

Ein eindringliches Bild ist das: Da rufen wir im Haus herum: «Jesus ist auferstanden!», und Jesus steht draussen und klopft und klopft und keiner geht, ihm zu öffnen, weil alle beten und nicht wirklich glauben, dass er da ist.

Was nützt die Auferstehung, wenn wir das Tor nicht öffnen? Was bringt es, wenn der Engel das dunkle Verlies aufgebrochen hat, wir aber das Tor verschlossen halten?

Hören Sie es? «Jemand klopft an deine Tür, o Sünder, weshalb gibst du keine Antwort? – Jemand klopft an deine Tür!» Amen.

49. *Lydia*

«Kommet in mein Haus und bleibet!»

Apostelgeschichte 16,15

Wer arme Länder bereist hat und seinen Weg zurück-
findet in unsere wohlhabende Gemeinde, und wer dann
hier die Bibel aufschlägt und liest von jenem Gottes-
sohn, der unter Fischern sein Leben verbrachte und die
Armen und Verachteten seiner Zeit aufsuchte, der mag
sich fragen, was denn das Evangelium hier bei uns verloren hat. Die Geburt draussen im Stall und der Tod
draussen am Kreuz wollen wenig passen zu unserer
Behaglichkeit, zu unsern Häusern und Spitälern, Hei-
men und Residenzen. Hat nicht der Wohlstand längst
schon unsere Ohren verstopft für das, was uns im Evangelium entgegenkommt?
    Da mag es gut tun, einmal daran zu erinnern, wie
das Evangelium erstmals nach Europa kam. Just im
Hause einer vornehmen und wohlhabenden Frau ist es
heimisch geworden. Das mag tröstlich sein für eine Gemeinde, in der es an vornehmen und wohlhabenden
Frauen nicht mangelt.

Lydia hiess diese Frau. Purpurhändlerin war sie. Man
stelle sich darunter keine Marktfrau vor, die spezielle
Döschen interessierten Käuferinnen verkauft. Nein,
eher war sie Inhaberin eines Importgeschäftes mit di-
rekten Verbindungen nach Kleinasien, von wo sie den
äusserst teuren Luxusartikel bezog. Mit Purpur durften sich nur Könige und nur die Obersten der Regie-
rung kleiden, Streifen von Purpur waren Streifen der

Macht, und wer mit Purpur handelte, ging bei den Vornehmsten ein und aus.

Erstaunlich, dass diese geschäftige Frau sich nicht auffressen liess von ihrem Handel. Ihr Blick und ihr Ohr waren offen nicht bloss für die Geschäfte der Welt; sie suchte auch nach dem, was hinter der Welt steht, nach dem, was die Welt zusammenhält. Und sie traf sich mit Frauen jüdischen Glaubens am Tag des Sabbats vor der Stadt, um am Fluss Seele und Leib zu reinigen, um zu reden und zu feiern.

Man mag sich fragen, wo derweil die Männer geblieben sind. Sind sie im Handel stecken geblieben, hatten sie noch zu tun, abzuschliessen, vorzubereiten? Überliessen sie die Sorge für Seele und Leib den Frauen, hatten sie gar vergessen, dass sie eine Seele hatten? Wir wissen es nicht.

Hier am Fluss vor den Toren der vornehmen Stadt Philippi begegnete Lydia dem Evangelium, hier traf sie auf Paulus und seine Gefährten, die aus Kleinasien kamen. Nicht Purpur brachten sie, keinen Schatz für das Auge, sondern einen Schatz für das Ohr.

Und Lydia hörte zu. Sie hatte nicht bloss Ruhe und Entspannung gesucht; diesen einen Tag der Woche beging sie mit der ihm gebührenden Aufmerksamkeit. Nicht Abschalten und Vergessen war das Ziel, sondern Hinhören und Aufmerken, um mit der Seele ein Stück weiterzukommen. Und Paulus redete; wohl erstmals redete ein Christ auf europäischem Boden. Wie musste es ihm wohl tun, offene Ohren zu finden!

Man merkt dem Bericht der Apostelgeschichte noch die Dankbarkeit an für diesen gelungenen Anfang auf dem neuen Kontinent: «Der Herr tat ihr das Herz auf, dass sie Acht hatte auf das, was Paulus redete.» Nicht bloss im Reden war göttliche Kraft, auch das Hören verdankte sich Gott. Wer redet, weiss nur zu gut, welch ein Wunder eine begnadete Hörerin ist.

Das Herz wurde ihr aufgetan. Das ist es doch, dass so viele Worte unser Ohr erreichen und dann vergehen, als wären sie nie gewesen. Aber hin und wieder fällt ein Wort, das seinen Weg nimmt vom Ohr bis ins Herz hinein und dort verweilt und bleibt. Wenn ein Wort heimisch wird in meinem Herzen, ist es, als sei ein Wunder geschehen.

Man lernt so gut, sein Herz zu verschliessen im geschäftigen Treiben der Welt. Man will sich nicht verletzen lassen, man will die unangenehmen Fragen des Herzens nicht hören; wo käme man sonst hin. Aber Lydia ist nicht «man», ihr Herz ist offen und sie beginnt, dieser Botschaft vom liebenden Gott zu vertrauen.

Und dann sagt sie diesen herrlichen Satz, den wohl ersten, den eine europäische Christin ausgesprochen hat: «Kommet in mein Haus und bleibet!» – Wer am Evangelium hängt, wer sich darüber freut, dass der christliche Glaube auch in Europa Fuss gefasst hat, der muss dankbar sein für diesen ersten Satz; schöner hätte das Evangelium bei uns nicht empfangen werden können.

Natürlich braucht es ein Haus und natürlich braucht es auch Geld, um einen Fremden mit seinen Gefährten bei sich aufzunehmen. Lydia hatte beides. Aber es brauchte auch ein offenes Herz. Viele Häuser stehen leer und viel Geld wird nicht ausgegeben, weil das Herz sich nicht öffnen liess. Weil der Herr das Herz dieser vornehmen Frau geöffnet hatte, öffnete sie ihr Haus und auch ihren Geldbeutel. So begann etwas von ihrem weltlichen Reichtum zurückzufliessen zur Quelle ihres seelischen Reichtums. Dass Herzen und Häuser, Hände und

Beutel sich öffnen, wenn das Evangelium kommt, das wäre eine Wahrheit, die auch unserer Gemeinde nicht schlecht anstände.

Sollten wir gar etwas Stolz empfinden im Hinblick auf diese erste Europäerin, die zum christlichen Glauben kam, dann müssten wir allerdings um der Wahrheit willen an einen Umstand erinnern. Lydia war aus geschäftlichen Gründen nach Europa eingewandert; sie stammte aus dem Gebiet ihres Purpurs, aus Kleinasien. Aus Lydien war sie; deshalb wohl nannte man sie Lydia, die Lydierin. So mag man sich denn fragen, ob es gerade die aus dem Ausland Gekommenen sind, die eine besondere Gastfreundschaft bewahren, weil sie noch genauer wissen, wie es war, als man fremd nach Europa kam.

Wie dem auch sei: Nichts hindert uns, unser Herz zu öffnen, und dann, wenn es sich berühren lässt, auch unser Haus und unsre Hand. Es könnten ja Engel sein, die wir empfangen – und Christus, den wir beschenken. Amen.

50. Die Magd mit dem Wahrsagergeist

«Diese Menschen sind Diener des höchsten Gottes, die euch den Weg des Heils verkündigen.»

Apostelgeschichte 16,17

Die Zahl derer, die den Weg des Heils verkündigen, ist gross. Da gibt es nicht nur den alten, scharfsinnigen Kardinal zu Rom, nicht bloss den klugen evangelischen Professor auf seinem Lehrstuhl, es gibt auch die Zeugen, die zu zweit an unserer Haustür stehen, auch die älter gewordene weisse Dame, die sich als Prophetin versteht, gibt es, und es gibt die Gesundheitsapostel, die Umweltpropheten, die Gesundbeterinnen und wie sie alle heissen. Sie verkündigen den Weg des Heils. Und es ist wie im Warenhaus: Das Angebot ist so verwirrend gross, dass wir nicht mehr wissen, worauf wir uns einlassen sollen. Das Heil jedenfalls möchten wir gerne erlangen.

Wenn doch jemand käme und uns sagte, welcher dieser vielen der rechte Verkündiger ist oder – meinetwegen – welche die rechte Verkündigerin. – Schön wär's, aber nützen würde es nichts. Denn wie wüsste ich, dass dieser Jemand nun auch Recht hätte? Schon viele haben behauptet, den rechten Verkündiger zu kennen, und dann war es doch nichts.

Aber wenn nun jemand aus tiefstem Herzen und nicht aus Berechnung und schon gar nicht aus Eigennutz auf den rechten Verkündiger wiese, müsste ich es dann nicht spüren und müssten meine Bedenken nicht schmelzen?

Ach, es ist ein schwierig Ding mit der Wahrheit und der Zweifel kommt an kein Ende. Wie wär's uns ergangen in den Tagen des Paulus? Hätten wir uns überzeugen lassen von seiner Verkündigung oder hätten wir uns kopfschüttelnd abgewandt, weil seine Worte schlecht zu unsern Vorstellungen gepasst hätten?

Nun, die Leute in Philippi waren gut dran. Da war nun wirklich jemand, der es deutlich sagte, dass dieser Paulus und sein Gefährte Silas Boten des höchsten Gottes seien. Eine Frau sagte das, aber eine Frau, von der man wusste, dass sie mehr spürte als die meisten. Sie war bekannt in der Stadt als Wahrsagerin. Und sie war eine unverdächtige Zeugin, denn eigentlich war ihr der Gott, von dem Paulus sprach, fremd. Sie redete nicht zu ihren eigenen Gunsten, sondern sagte schlicht das, was ihr die Wahrheit eingab.

Das musste doch wohl für Paulus ein seltenes Ereignis sein, für diesen oft so misstrauisch behandelten Apostel. Da predigte er in einer ihm fremden Stadt und eine den Einheimischen für ihre Wahrsagungen bekannte Frau beteuerte, dass dieser Fremde nun wirklich den Weg zum Heil verkündige. Es scheint, Paulus habe diesmal Glück gehabt. Wer ihm in Philippi zuhörte, brauchte sich nicht bloss auf seine Worte zu verlassen; es gab da eine bekannte Frau, die für seine Wahrheit einstand.

Und sie sagte es deutlich, sie rief es hinaus, nicht bloss einmal, sondern immer wieder, sooft Paulus auftrat. Sie sagte es ungefragt, ohne Rücksicht, weil es einfach aus ihr herausbrach, und sie liess nicht ab von diesem Apostel, sie begleitete ihn, wohin er auch ging, denn schliesslich wusste er den Weg zum Heil.

Paulus aber, statt sich über diese unverhoffte Hilfe zu freuen, ärgerte sich. Unwillig sei er geworden. Diese ewige Schreierei, dieses unaufhörliche Bezeugen, dass er im Dienste des höchsten Gottes stehe, ging ihm schlicht auf die Nerven. Dabei hatte die Frau doch Recht. Sie war eine der ersten, die begriffen hatte, worum es ging, eine der ersten Anhängerinnen. Endlich jemand, der es kapiert hatte: Paulus kam als Diener des höchsten Gottes und er verkündigte wirklich den Weg zum Heil.

Ach, es ist ein schwierig Ding mit der Wahrheit. Da bekennt eine Frau die Wahrheit und Paulus geht das auf die Nerven. Offenbar sind Bekenntnissätze nicht immer von Gutem. Sie können so nervenaufreibend sein, dass man sie abstellen muss. Und Paulus tut das, gründlich tut er das, so, dass die Frau fortan schweigt, wenn er auftritt.

Das bringt uns in eine schwierige Lage. Da hätten wir einen schönen, wahren Predigtvers, aber Paulus verhindert ihn. Auch wahre Sätze können falsch sein, vor allem wahre Bekenntnissätze. Weshalb?

Ich will es so erklären: Vom Weg des Heils spricht diese Frau. Aber so, wie sie es sagt, erscheint sie nicht heil. Besessen ist sie von ihrer Wahrheit, und rücksichtslos wird diese Wahrheit hinausgeschrieen. Heil, Heilung: Das tönt nach Versöhntheit, nach Stimmigkeit, nach Freiheit; – doch davon spürt Paulus nichts bei dieser Frau. Zwar kommt der Satz aus ihrem Inneren, aber er wirkt wie hineingepfropft. So wirkt die Wahrheit nicht heil, so kann sie kein Heil stiften, sondern sie macht nur verrückt, weil die Quelle selbst nicht heil ist, sondern verrückt.

Trauen wir doch unserem Gespür, wenn wir solche Sätze hören! Sie mögen wahr sein und fromm und doch falsch, weil die Quelle nicht stimmt. «Das bist doch gar nicht du, löse dich doch von solchem Getue!» Vielleicht müsste so ein Paulus heute sprechen. Damals in Philippi schenkte er dieser Frau ihre Freiheit, indem er sie von ihrem wahren Satz erlöste. Und Paulus fuhr fort zu predigen, und die Menschen hatten sich auf seine Worte allein zu verlassen, ohne dass eine Frau ihre Wahrheit bezeugte.

So weit, so gut. Aber die Geschichte nimmt ein widerwärtiges Ende. Nicht erst heute weiss man aus allerlei Überspanntheit Geld zu machen. Jene Frau war eine Magd: Herren hatten Anspruch auf sie. Und diese Herren hatten einen wahren Kult inszeniert um diese Frau und verdienten ganz schön Geld dabei. Schliesslich sah sie doch in ihrer Verrücktheit Dinge, die andern verborgen blieben. Und jetzt, da Paulus mit Jesu Hilfe alles zurechtgerückt hatte, war die Frau heil; sie war normal geworden. Man hätte sich freuen können darüber, man – aber nicht die Herren. Sie sahen sich um ihren Verdienst geprellt und ruhten nicht, bis Paulus und Silas im Gefängnis sassen.

Verkehrte Welt: da lässt man den Weg des Heils preisen und macht Gewinn dabei, und wenn das Heil nun wirklich kommt und das Geld versiegt, sperrt man die Verkünder des Heils ins Gefängnis.

Es ist wirklich ein schwierig Ding mit der Wahrheit, wenn sie sich so sehr mit Geld verknüpft. Amen.

Chronologische Reihenfolge der Predigten

1.4.1999	46	Maria Magdalena, Joh 20,13
9.5.1999	32	Die Mutter des Jakobus und Johannes, Mt 20,21
4.7.1999	29	Hiobs Frau, Hiob 2,9
1.8.1999 (Nationalfeiertag)	16	Rut, Rut 1,16
9.9.1999 (Eidg. Bettag)	19	Hanna, 1 Sam 2,9
17.10.1999	49	Lydia, Apg 16,15
31.10.1999	2	Sara, 1 Mose 18,15
5.12.1999 (Advent)	38	Elisabet, Lk 1,42
30.1.2000	1	Eva, 1 Mose 3,13
12.3.2000	25	Die Witwe von Sarepta, 1 Kön 17,12
23.4.2000 (Ostern)	45	Marta, Joh 11,27
7.5.2000	41	Die Frau mit der Drachme, Lk 15,9
13.8.2000	44	Die Ehebrecherin, Joh 8,11
22.10.2000	26	Isebel, 1 Kön 19,2
12.11.2000	50	Die Magd mit dem Wahrsagergeist, Apg 16,17
7.1.2001	6	Rahel, 1 Mose 31,35
28.1.2001	33	Die törichten Jungfrauen, Mt 25,8
18.2.2001	34	Die klugen Jungfrauen, Mt 25,9
1.4.2001	15	Delila, Ri 16,10
22.4.2001	48	Rhode, Apg 12,14
2.9.2001	4	Rebekka, 1 Mose 24,19